Dieter Buck

# Ausflugsziel Schönbuch

Dieter Buck

# Ausflugsziel Schönbuch

- Wandern
- Rad fahren
- Entdecken

Silberburg-Verlag

Umschlagfotos:
Vorn: Blick auf Bebenhausen; hinten: die Obere Linde bei Hildrizhausen.
Foto Seite 1:
Der Entringer Stein auf dem Bromberg gibt die Entfernung für Wanderer an.
Foto Seite 2/3:
Der Märchensee auf dem Pfaffenberg hat seinen Namen in den zwanziger Jahren von Tübinger Professoren bekommen, weil sie ihn so märchenhaft schön fanden.

**Dieter Buck**

1953 geboren, verfaßt der Stuttgarter seit vielen Jahren Tipps für Wanderungen und Radtouren sowie Reisebeschreibungen für verschiedene Zeitungen und Magazine im In- und Ausland. Außerdem veröffentlichte er zahlreiche Bücher: Wander-, Radwander- und Reiseführer sowie einen Bildband über die Kärntner Nockberge. Er ist Herausgeber des »Schwabenkalenders« und Redaktionsleiter von »Schwaben alpin«. Sein »Hausgebiet« ist der Schönbuch, und so ist Buck auch Autor einer einzigartigen Gesamtdarstellung dieses herrlichen Gebiets, nämlich des ebenfalls im Silberburg-Verlag erschienenen großformatigen Bildbands »Das große Buch vom Schönbuch« (1. und 2. Auflage 2000, 3. Auflage 2001).

*Die Deutsche Bibliothek – CIP-Einheitsaufnahme*
En Titeldatensatz für diese Publikation ist bei Der Deutschen Bibliothek erhältlich.

1 2 3 4 5 05 04 03 02 01


Alle Wegbeschreibungen erfolgen nach bestem Wissen und Gewissen.
Autor und Verlag können jedoch keine Haftung übernehmen, auch nicht bei etwaigen Unfällen. Die Benützung dieses Buches geschieht auf eigenes Risiko.
*Umschlaggestaltung:* Frank Butzer, unter Verwendung eines Fotos von Dieter Buck.
*Bilder im Innenteil:* Seite 13 und 65: Werner Schaal,
Seite 99, 118, 124: Stadt Herrenberg. Alle anderen Fotos: Dieter Buck.
*Kartengrundlage:* Topographische Karte 1 : 100 000 (Radtouren) bzw.
1 : 50 000 (Wanderungen), © Landesvermessungsamt Baden-Württemberg (http://www.lv-bw.de), 16.03.01, Az.: 2851.3-D/99, bearbeitet durch den Verlag.
*Druck:* Maisch + Queck, Gerlingen. Printed in Germany.
ISBN 3-87407-375-0

# Inhalt

# Der Schönbuch

Es ginge alles viel besser, wenn man mehr ginge.

*Johann Gottfried Seume (1763–1810),*
*»Spaziergang nach Syrakus im Jahre 1802«*

**Kaum eine andere Landschaft hat einen so stimmigen Namen wie der Schönbuch: Es ist schön hier, und es gibt ausgedehnte Wälder, die zu einem großen Teil aus Buchen bestehen. Besonders reizvoll sind die Laubbäume, weil sie zu jeder Jahreszeit etwas anderes bieten: Im Frühjahr bezaubern sie durch lichtes, frisches Grün, im Sommer spenden sie wohltuenden Schatten, im Herbst entfalten sie ein grandioses Furioso in leuchtender Farbenpracht und im Winter sieht man bizarres Astwerk, (manchmal) schneebedeckt und vereist.**

Der Schönbuch besteht jedoch nicht nur aus Wald: Er weist verschiedene Rodungsinseln mit Ortschaften auf, und das Waldgebiet wird von einigen zauberhaften Tälern durchzogen – man denke nur an die beiden Täler des Goldersbaches oder an das Schaichtal. Der Südtrauf des Schönbuchs ist mit seiner ganz eigenen Flora, dem Blütenmeer im Frühjahr, den rebenbewachsenen Hängen und den Fernblicken, die er bietet, eine Welt für sich.

Kennzeichnend für das Keuperbergland, wie es in der Fachsprache heißt, ist die Abwechslung zwischen Tälern und Höhenrücken. Was für den Wanderer und Radfahrer besagt, dass es bei einigen Ausflügen bergauf und bergab geht. Viele Touren sind aber so gestaltet, dass sie keine großen Höhenunterschiede mit sich bringen.

Im Schönbuch sind unzählige Wanderungen und Radtouren möglich. Im Wald, im Freien zwischen Obstwiesen – herrlich blühend im Frühling – und Feldern. Es gibt Touren, auf denen man fast niemanden sieht, und solche, auf denen man einige Ortschaften berührt – was ja für Wanderer, die einkehren möchten, wichtig ist. A propos Einkehr: Im Wald selbst gibt es außer der Weiler Hütte keinerlei Einkehrmöglichkeit. Wohl aber am Rand, zum Teil direkt an den Parkplätzen.

*Diese Bäume im Goldersbachtal verdanken ihre schräge Stellung dem so genannten »Bodenfließen«.*

Die Wanderungen sind ganzjährig möglich, allerdings sollte berücksichtigt werden, dass im Wald der Schnee länger liegen bleibt als im Freien und die Wege deshalb zuweilen auch vereiste, glatte Stellen aufweisen können. Man sollte daher geeignete Schuhe anziehen – und Radfahrer seien vor den vereisten Stellen, die vor allem im Frühjahr urplötzlich auf sonst trockenem und gefahrlosem Weg auftauchen können, ausdrücklich gewarnt! Besonders beeindruckend ist der Schönbuch morgens ganz früh, wenn noch Tau liegt, oder im Sommer spät nachmittags, in den Abend hinein, wenn die Natur nach einem heißen Tag wieder erwacht. Morgens und abends wird man vom Gezwitscher der Vögel begleitet.

Schwer gelitten hat der Schönbuch unter dem Orkan Lothar am zweiten Weihnachtsfeiertag 1999. Die Wunden, die damals geschlagen wurden, werden noch lange nicht verheilt sein. Trotzdem – oder gerade deshalb – ist ein Besuch des Schönbuchs interessant, sieht man doch, was man sonst nur selten zu sehen bekommt: Wald im Entstehen. Und so wird man, wenn man die gleichen Orte über Jahre hinweg immer wieder aufsucht, sie jedes Mal ganz anders erleben. Da es wegen der Forstarbeiten zu lokalen und temporären Wegsperrungen kommen kann, sollte man auf jeden Fall eine Wanderkarte mitnehmen, um notfalls einen anderen Weg finden zu können.

Man ist für die Touren nicht unbedingt auf ein Auto angewiesen. Das Gebiet ist mit der S-Bahn, die bis Herrenberg fährt, mit der Schönbuch-Bahn, die ihre Endstation in Dettenhausen hat, und mit der Ammertalbahn, die zwischen Herrenberg und Tübingen verkehrt, bestens erschlossen. Nach Tübingen kommt man außerdem mit dem Zug aus Richtung Horb, Balingen und Plochingen/Reutlingen. Die sonstigen Orte sind mit öffentlichen Bussen zu erreichen.

Der Titel des Buches verspricht zwar »Schönbuch«, man wundere sich aber nicht, auch Ausflüge aus dem Ammertal und dem Gäu zu finden. Beide Gegenden begrenzen den Schönbuch und bieten derart herrliche Wander- und Radtourenmöglichkeiten, dass es schade gewesen wäre, sie nicht zu berücksichtigen.

# Zum Gebrauch dieses Buches

Gehe so, als wärest du nie hier gewesen. – *Indianisches Sprichwort*

**Dieses Buch bietet viel: Im *ersten Teil* sind Wandervorschläge beschrieben, im *zweiten Teil* Radtouren, im *dritten Teil* findet man Beschreibungen der schönsten Orte mit ihren Sehenswürdigkeiten und im *vierten Teil* ist alles zusammengetragen, was es an wichtigen Informationen gibt.**

So kann man eine Wanderung oder Radtour problemlos mit einem Bummel durch eine interessante Stadt, mit einer Besichtigung, einem Museumsbesuch oder mit einem Sprung in das erfrischende Nass eines Frei- oder Hallenbads verbinden. Die Beschreibungen der Orte und Sehenswürdigkeiten sind aus dem ebenfalls im Silberburg-Verlag erschienenen Buch »Das große Buch vom Schönbuch« von Dieter Buck entnommen, allerdings auf die wesentlichen Informationen verkürzt. Wer noch mehr über den Schönbuch erfahren möchte, dem sei dieses Werk empfohlen.

Die meisten Wanderwege im Schönbuch verlaufen auf geschotterten Wald- oder Feldwegen, seltener sind sie asphaltiert. Leider genauso selten sind unbefestigte Wege oder Pfade. Was Eltern mit kleinen Kindern freut: Die Wege eignen sich in der Regel auch für stabile Kinderwägen – und viele führen zu Spielplätzen. Nur sollte man dann die Länge der Tour beachten. Eine 16-Kilometer-Wanderung ist sicherlich nicht kinderwagengeeignet, auch wenn sie auf befestigten Wegen stattfindet. Strecken bis zu fünf Kilometer, die zudem zu Spiel- oder Grillplätzen, womöglich am Wasser, führen, sind hier sicherlich passender.

Die Zeitangaben der Strecken wurden so errechnet: Für vier Kilometer wurde eine Stunde angesetzt und für Anstiege wurden Zuschläge gemacht, wobei von 400 Metern, die in einer Stunde zu bewältigen sind, ausgegangen wurde. Bei den

Angaben zur Länge und Dauer der Strecke und den Höhenunterschieden handelt es sich um ungefähre Angaben. Kleinere Abweichungen sind möglich.

Bei Radtouren ist es ungleich schwieriger als bei Wanderungen, eine Zeitangabe zu machen. Die individuellen Fahrgewohnheiten sind zu unterschiedlich: Während der eine am liebsten schnell und auf breiten Straßen fährt, ist dem anderen eine komplizierte Strecke im Wald und über Berg und Tal lieber. Oder während der eine auch bei kleinen Steigungen lieber schiebt, hat der andere auf der gleichen Strecke womöglich noch nicht einmal den kleinsten Gang eingelegt. So wurde bei den Zeitangaben der Radtouren eine Durchschnittsgeschwindigkeit von 15 km/h zugrunde gelegt, außerdem wurden Zuschläge für Anstiege gemacht. Da jeder sein persönliches Fahrverhalten kennt, kann man nun seinen Zeitaufwand selbst einschätzen.

Wer mit Kindern unterwegs ist, sollte sich vor allem auf die Radtouren im Naturpark konzentrieren. Sie bieten den Vorteil, dass man meist an einem Grillplatz oder einem Bach, der zum Spielen lockt, vorbeikommt. Jeder wird selbst wissen, wie viel er seinen Kindern dabei zumuten kann. Oft kann man die Touren auch vorher abbrechen und auf demselben Weg zurückkehren oder sie abkürzen – deswegen ist es immer empfehlenswert, eine Karte dabei zu haben.

## Sonstige Informationen

### Auskunft:

Förderverein Naturpark Schönbuch, c/o Forstdirektion Tübingen, Schloss Bebenhausen, 72074 Tübingen. Tel. (0 70 71) 6 02-0, Fax -166. Internet: www.uni-tuebingen.de/Forst, E-Mail: Poststelle@fd400.lfv.bwl.de

### Wanderkarte:

Topographische Karte 1: 35 000, Blatt 27 »Naturpark Schönbuch«, herausgegeben vom Landesvermessungsamt Baden-Württemberg.

Sollte bei den Wanderungen und Radtouren noch eine andere Karte nötig sein, ist dies extra angegeben.

### Öffentliche Verkehrsmittel:

*Deutsche Bahn* (Bahnhof in Tübingen): Telefon 0 18 05 99 66 33

*VVS – Verkehrsverbund Stuttgart* (S-Bahn bis Herrenberg): Telefon (07 11) 1 94 49

*Schönbuchbahn* (zwischen Böblingen und Dettenhausen): Telefon (07 11) 1 94 49

*Ammertalbahn* (zwischen Herrenberg und Tübingen): Telefon (0 70 71) 1 94 49

*Busverbindungen* (RBS Regionalcenter Böblingen): Tel. (0 70 31) 71 95-0

Im *Internet* sind Fahrpläne unter folgenden Adressen zu finden: www.efa-bw.de und www.vvs.de

# Teil 1
# Wanderungen

# Keltische Kunst im Schönbuch

## *Musberg – Geschichtlicher Lehrpfad – Schweizer Straße – Siebenmühlental – Musberg*

**Diese Wanderung berührt einen sehenswerten geschichtlichen Lehrpfad und führt über die aussichtsreiche Weidacher Höhe hinab ins idyllische Siebenmühlental. Sie eignet sich auch gut für den Winter oder Vorfrühling, wenn man keine allzu weiten Strecken zurücklegen, trotzdem aber eine interessante Tour unternehmen möchte.**

**Ausgangspunkt:**
Musberg, Wanderparkplatz Siebenmühlental am Ortsende in Richtung Leinfelden.

**Wegverlauf:**
Wir beginnen die Wanderung, indem wir kurz in Richtung Leinfelden bis zur Kreuzung marschieren und diese überqueren. Auf der anderen Seite führt im Wald ein schmaler Pfad nach rechts leicht ansteigend zu einem breiteren Weg. Er ist zwar gekennzeichnet mit dem roten Balken, aber zum Teil schlecht zu erkennen, so dass eine pfadfinderische Spürnase nötig ist. Diesem folgen wir nach rechts. Nach einer Linkskurve kommen wir am *Jakobsbrunnen* vorbei, kurz dahinter biegen wir nach rechts ab zur ehemaligen B 27 und überqueren diese. Nun werden auch die bisher spärlichen Wanderzeichen häufiger. Wir folgen dem Schild zur »Riesenschanze«. Nach einiger Zeit biegt zu dieser vom Forstweg ein steil nach oben führender Pfad nach links ab.

Oben angelangt haben wir drei Möglichkeiten: Wir können entweder geradeaus weiterwandern bis zur nächsten Querstraße, biegen hier nach links ab und kommen zum *Wanderparkplatz Riesenschanze* an der alten *Schweizer (oder Post-)Straße*.

Die **Schweizer Straße** war früher eine wichtige Handelsverbindung und

Poststrecke. Der alte Weg wurde 1753 unter Herzog Carl Eugen »chaussiert«. Die Straße führte über Echterdingen, vorbei an der Schlösslesmühle, über Waldenbuch, Dettenhausen und Pfrondorf nach Lustnau bei Tübingen, wo sie sich mit der Rheinstraße vereinigte. Dies war die kürzeste Verbindung zwischen Stuttgart und Tübingen, den damals wichtigsten Städten Württembergs. Weiter ging die Route dann über Balingen und Rottweil nach Schaffhausen. 1793 wurde sie von Schiller befahren, Goethe bereiste sie 1797 auf seiner Schweizreise, außerdem wanderten auf ihr auch die Dichter Uhland, Hölderlin, Mörike, Gerok, Schwab und Waiblinger.

Es gibt aber zwei interessantere Wegvarianten für uns: Kurz hinter dem Mast der Flugsicherung quert der *Geschichtliche Lehrpfad Echterdingen* unseren Weg. Nach links führt er zur *keltischen Riesenschanze*, nach rechts – gegen die angezeigte Richtung – auf eine romantische, mit Birken bewachsene Lich-

*Täuschend echte Abgüsse von Stelen aus der Hallstatt- und der La-Tène-Zeit findet man am Geschichtlichen Lehrpfad Echterdingen.*

tung, auf der wir Nachbildungen aller fünf im Land gefundenen *keltischen Stelen* und einen rekonstruierten *Grabhügel* bewundern können. Beide Wege führen ebenfalls weiter zum Wanderparkplatz.

Wer die Wanderung abkürzen will, geht hier nach rechts die Straße hinunter und trifft hinter der *Schlösslesmühle* auf den *Wanderweg Siebenmühlental*, der ihn nach rechts zum Ausgangspunkt zurückführt.

Eines der bekanntesten, beliebtesten und interessantesten Täler des Schönbuchs ist das **Siebenmühlental** genannte Reichenbachtal. Doch gibt es hier wesentlich mehr Mühlen als der Name es nahe legt, noch in den zwanziger Jahren des 20. Jahrhunderts, als das große Mühlensterben begann, trieb der Reichenbach elf Mühlen an. Insgesamt waren es im Laufe der Jahrhunderte elf bis dreizehn Standorte, niemals waren jedoch alle Mühlen gleichzeitig in Betrieb.

Die **Schlösslesmühle** wurde 1451 erstmals erwähnt. Der heutige Name kam ab 1747 auf, wohl aufgrund des Staffelgiebels. Die Gastwirtschaft darin ist bereits 1912 eingerichtet worden.

Wer nicht abkürzen möchte, überquert nun die Straße und wandert am Waldrand entlang, vorbei an der

*Kaiserlinde* und einem *Gedenkstein* zur Gründung des Deutschen Reichs 1871. Hier haben wir eine herrliche Aussicht über die Filderebene und zum Flughafen (wir befinden uns direkt in der Flugschneise), später auch über bewaldete Schönbuchhöhen. Das Sträßchen verläuft schließlich zwischen Wiesen und Feldern. Kurz vor einem Flugsicherungsmast biegen wir nach rechts ab und kommen zurück zum Waldrand, wo wir uns links halten. Bald knickt unser Weg nach links ab in Richtung *Sportplätze* und *Naturtheater Stetten*. Hinter dem Gebäude des Tennisclubs führt der nun mit rotem Punkt bezeichnete Weg nach rechts, es geht abwärts zur *Kochenmühle* im *Siebenmühlental*. Wir gehen durch das Anwesen hindurch, überqueren den Reichenbach und stehen nach kurzem Anstieg auf dem ehemaligen Bahndamm, nun ein bequemer Wanderweg. Nach rechts geht es, vorbei an der Schlösslesmühle, gemütlich zurück zum Ausgangspunkt.

**Länge:**
13 Kilometer.

**Zeit:**
3 bis 4 Stunden.

**Höhenunterschied:**
100 Meter.

**Karte:**
Wanderkarte 1: 50 000, Blatt 14 »Stuttgart und Umgebung«, herausgegeben vom Landesvermessungsamt Baden-Württemberg.

*Die Mäulesmühle beherbergt auch ein Mühlenmuseum.*

**Grill-/Spielplätze:**
Vor Parkplatz Riesenschanze, hinter dem Tennisgebäude Stetten.

**Sonstiges:**
Die Wanderung verläuft auf Naturpfaden und befestigten Feld- und Forstwegen.

**Verkehrsmittel:**
Busverbindung.

**Einkehrmöglichkeiten:**
Weidacher Höhe, Sportplatzgaststätten Stetten, Kochenmühle, Schlösslesmühle.

# Blendende Aussicht vom Uhlberg

*Burkhardtsmühle – Uhlbergturm – Neuenhaus – Burkhardtsmühle*

**Der südlich von Plattenhardt und Bonlanden liegende Uhlbergturm ist zu jeder Jahreszeit gut zu erreichen. Seine Plattform bietet eine herrliche Aussicht auf die bewaldeten Schönbuchhöhen um Waldenbuch sowie, um mit Mörikes Worten zu sprechen, die »blaue Mauer« der Schwäbischen Alb.**

*Der Uhlbergturm bietet einen bezaubernden Panoramablick.*

**Ausgangspunkt:**
Burkhardtsmühle.

Die **Burkhardtsmühle,** die letzte und jüngste Mühle im Reichenbachtal, besser bekannt als Siebenmühlental, liegt da, wo dieses ins Aichtal mündet. Benannt ist sie nach dem Sägemüller Friedrich Burkhardt, der das Anwesen 1825 erbaut hat. Bei der Mühle gab es früher sogar ein Freibad. Heute steht eine Vesperstube direkt am Wanderweg, der auf dem ehemaligen Bahndamm verläuft.

**Wegverlauf:**

Zuerst folgen wir einige Meter der Straße in Richtung Nürtingen. Nach der Brücke beginnt links ein Pfad, mit rotem Kreuz gekennzeich-

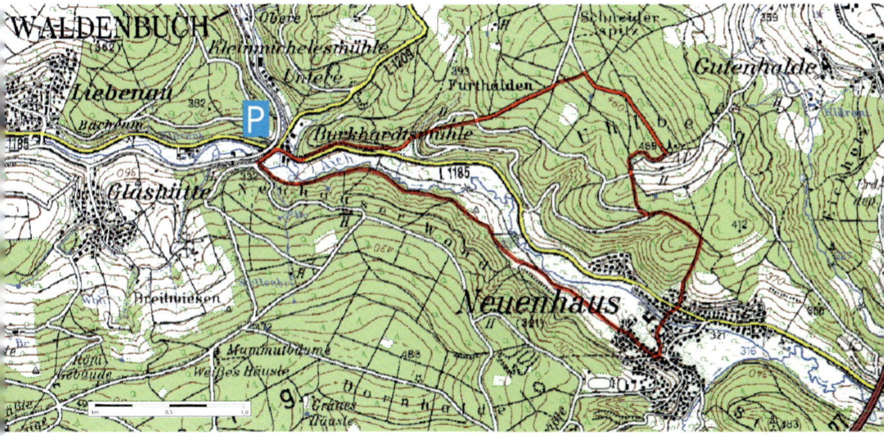


net, das bereits zum »Uhlberg« weist. Der Pfad verläuft anfangs neben der Straße, später geht er in einen Forstweg über, der uns nach links in den Wald hineinführt. In der Rechtskurve steigen wir die Stufen hinauf bis zu einem breiteren Weg, dem wir nach links folgen. Beim nächsten Forstweg geht es etwas nach links versetzt weiter bergauf, bis nach der Schutzhütte der Weg etwas flacher wird. An der nächsten Kreuzung wandern wir geradeaus weiter bis zu einer Linkskurve; in der Kurve zweigt unser bezeichneter Pfad vom Forstweg ab. Nach einigen Minuten treffen wir wieder auf einen Forstweg, der nach rechts zum *Uhlbergturm* führt, den wir nach nicht ganz einer Stunde Wanderung erreichen.

Auf dem **Uhlberg** (469 m) steht ein 25 Meter hoher Aussichtsturm des Schwäbischen Albvereins, der 1963 zu dessen 75-Jahr-Feier errichtet wurde. Es ist der dritte Turm in der Geschichte des früher »Rottenberg« genannten Uhlbergs.

Der erste wurde 1890 von Forstwart Digel aus Fichtenstämmen erbaut und 1902 abgebrochen.

1903 weihte man dann den zweiten, 22 Meter hohen Holzturm mit massivem Sandstein-Unterbau ein. Dieser Turm erlitt später Schäden durch den Hausbockkäfer.

Heute steht hier ein reiner Steinturm. Von seiner Plattform aus hat man einen herrlichen Blick auf den lang gestreckten Albtrauf von den Kaiserbergen im Osten bis zu den Tausenderbergen der Balinger Alb im Südwesten mit den hervorstehenden Erhebungen Teck, Hohenneuffen, Hohenurach und Achalm. Im Nahbereich sieht man das »Waldmeer« des Schönbuchs und Waldenbuch. Der Blick in Richtung Filder ist leider zugewachsen.

Vor dem Turm gibt es einen Grillplatz; Würste kann man an dem kleinen Kiosk kaufen. Die Ortsgruppe Plattenhardt des Schwäbischen Albvereins feiert am Uhlbergturm alljährlich am 1. Mai ein traditionelles Hammelessen.

Unser Weg führt westlich vom Turm am Zaun entlang. Wo dieser aufhört, geht unser Pfad im Wald weiter. Er führt nach links abwärts. Unten an der Forststraße weist ein Schild zur nur wenige Minuten entfernten *Alten Kelter.*

Am Südhang des ursprünglich zu Neuenhaus gehörenden, 1832 von Bonlanden gekauften Uhlbergs befanden sich früher 36 Morgen Weinberge; die letzten Rebstöcke wurden erst 1978 entfernt. Der Weinbau wurde hier bereits 1474 erwähnt, ging aber in der zweiten Hälfte des 19. Jahrhunderts stark zurück.

Unterhalb dieser ehemaligen Weinberge steht die frühere **Kelter,** 1718 anstelle eines Vorgängerbaus errichtet. Sie ist jetzt ein bewirtschaftetes Vereinsheim des Schwäbischen Albvereins.

Wer nicht einkehren will beziehungsweise von der Kelter zurückkommt, geht nach rechts (das heißt für Kelterbesucher links) dem Zeichen nach – nun ein roter Balken – bis zu einem Forstweg. Wir folgen ihm nach links bis zu einer großen Wegspinne, der zweite nach rechts abbiegende Weg bringt uns hinab nach *Neuenhaus* (siehe Seite 87). Dort an der Straße geht es einige Meter nach rechts versetzt weiter bergab bis zur Kirche. Hinter ihr biegen wir nach rechts ab, kurz darauf nehmen wir die steil nach links oben führende Straße. Das Wanderzeichen sehen wir erst einige Meter weiter rechts an einem Haus.

Dieser Weg bringt uns in den Wald – vorher haben wir noch einen letzten Blick auf den Uhlbergturm, der wie ein Edelstein aus dem dunklen Meer der Bäume blinkt – und in knapp einer Stunde zurück zum Ausgangspunkt.

- **Länge:**
  9 Kilometer.
- **Zeit:**
  2 bis 3 Stunden.
- **Höhenunterschied:**
  200 Meter.
- **Grillplatz:**
  Uhlbergturm.
- **Sonstiges:**
  Die Wanderung verläuft auf Naturpfaden und befestigten Wegen.
- **Verkehrsmittel:**
  Busverbindungen nach Neuenhaus.
- **Einkehrmöglichkeiten:**
  Uhlberg (Kiosk am Turm und Wanderheim Alte Kelter).

# Von Waldenbuch zum versteckten Schönbuchsee

*Waldenbuch – Seitenbachmühle – Segelbachtal – Aichtal – Stausee – Waldenbuch*

**Kaum jemand weiß, dass in dem Dreieck Steinenbronn, Schönaich und Waldenbuch ein idyllischer – und sogar recht großer – See verborgen liegt. Baden ist zwar nicht erlaubt, dafür können wir aber umso besser die romantische Stimmung dieses Gewässers – eigentlich nur ein Stausee – genießen. Und einfach nur Schauen und »Relaxen« ist ja auch ganz schön. Wir beginnen die Tour in Waldenbuch, so haben wir Gelegenheit, noch zwei stille Schönbuchtälchen kennen zu lernen.**

■ **Ausgangspunkt:**
Waldenbuch. Östlich der Durchgangsstraße gibt es vor dem Waldenbucher Zentrum Parkplätze.

■ **Wegverlauf:**
Wir gehen auf der Straße »Auf dem Graben« zur Durchgangsstraße zurück; hier folgen wir etwas nach links versetzt links neben der nach Weil im Schönbuch führenden Straße der Straße »Im Seitenbach« (Schild »Schützenhaus« bzw. »Seitenbachmühle«). Am Bach entlang kommen wir auf dem mit einem roten Punkt gekennzeichneten Weg durch Kleingärten zur *Seitenbachmühle*, danach biegen wir am *Schützenhaus* rechts ab. Nun begleiten wir den *Segelbach* eine halbe Stunde durch sein romantisches Tal. An einem Picknickplatz können wir einen Abstecher nach links machen, kehren aber anschließend wieder ins Tal zurück. Nach kurzem Anstieg finden wir dort ein interessantes *Sühnekreuz*. Am Ende des Tals, wo das Fahrradschild nach rechts weist, steigen wir geradeaus nach oben und überqueren dort die Straße. Auf der

*Das Aichtal ist am schönsten zwischen Waldenbuch und Neuenhaus.*

anderen Straßenseite (nun blauer Punkt) gehen wir durch den Parkplatz hindurch, biegen dann nach rechts ab und kommen – links von uns sehen wir die *Totenbachmühle* – wieder in den Wald.

Der Name **Totenbach** geht auf den Mitte des 16. Jahrhunderts lebenden Großbauern Peter Totenbach aus Weil im Schönbuch zurück. Der Bach beginnt bei Weil im Schönbuch und hat drei Namen: in seinem Oberlauf heißt er Totenbach, dann Segelbach und in Waldenbuch Seitenbach. Die Oberamtsbeschreibung Stuttgart von 1851 spricht sogar noch von einem vierten Namen am letzten Ende des Baches: Heimbach. In Waldenbuch mündet er in die Aich. In der Nähe des Weges zwischen Seitenbachmühle und Segelbachbecken steht ein steinernes Sühnekreuz für einen Erschlagenen. Die Oberamtsbeschreibung schreibt zum Tal *»Es ist ein enges, düsteres, seinem Namen vollkommen entsprechendes Waldthälchen.«* Am Oberlauf baute man noch im letzten Jahrhundert Wein an. Die Weinberge wurden dann in Obstwiesen und Hopfenanpflanzungen umgewandelt; heute findet man sehr viele Wochenendhäuser an den Hängen.

Die **Totenbachmühle** wurde 1714/15 als jüngste Mühle von Weil im Schönbuch erbaut. Nach dem Zweiten Weltkrieg war sie als letzte noch in Betrieb. Sie arbeitete bis 1960,

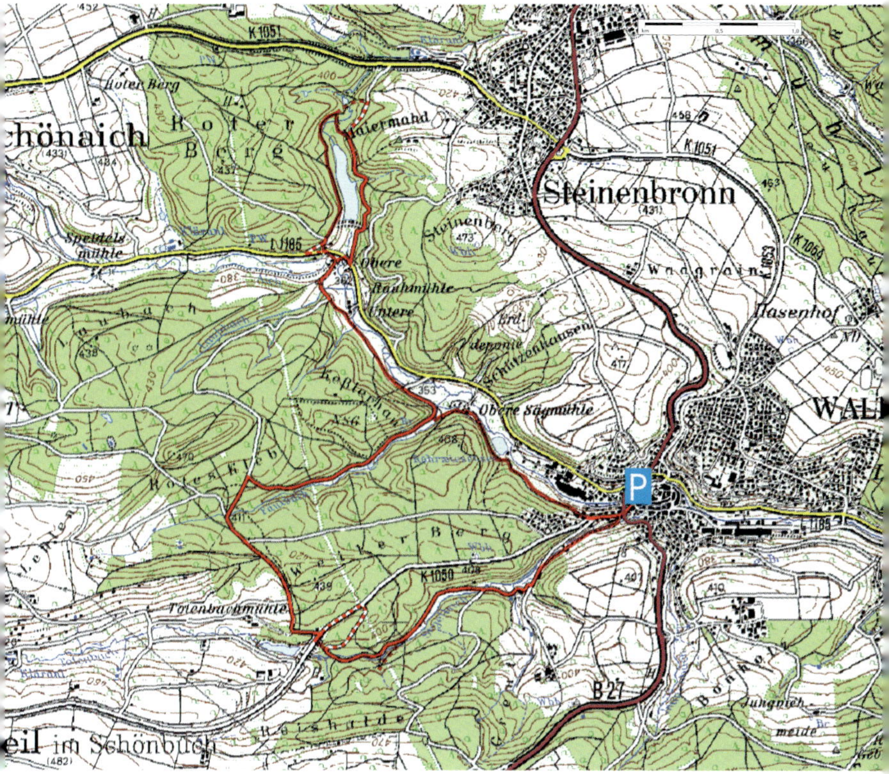


heute ist sie als Wohnhaus in Privatbesitz. In der Nähe werden eine römische Siedlung und eine römische Kultstätte vermutet.

Kurz darauf schickt uns das Zeichen nach rechts. An der nächsten Abzweigung halten wir uns wieder rechts und wandern bergab durch schönen Wald, an einem Teich vorbei, ins *Aichtal* (siehe Seite 86).

Dort biegen wir links ab und durchqueren kurz darauf die *Obere Rauhmühle*. Hinter ihr, auf der Straße, spazieren wir einige Meter nach links, dann führt auf der anderen Straßenseite ein mit blauem Rechteck bezeichneter schmaler Pfad in den Wald hinein. Ihn steigen wir kurz hinauf, halten uns an der Forststraße rechts und spazieren nun am – durch Bäume verdeckten – See entlang. Die nach rechts abgehenden Pfade führen zum Wasser. Beim Schild »Rundwanderweg HRB Sulzbach« biegen wir rechts ab in das Weglein und halten uns dahinter wieder rechts. Der schmale Pfad endet in einem breiten

*Hoch über Waldenbuch: das Schloss mit dem Museum für Volkskultur*

Waldweg, und wir schauen nun von oben auf das *Hochwasserrückhaltebecken* – als dieses entpuppt sich nämlich unser idyllischer See, wie wir bald darauf auf einem Schild links der Staumauer lesen können.

Bald sind wir wieder an der Straße und sehen auf der anderen Straßenseite schon den blauen Punkt. Ihm folgend durchqueren wir erneut die *Obere Rauhmühle*. Dahinter halten wir uns links und spazieren in gut einer halben Stunde zurück nach *Waldenbuch*.

**Länge:**
10 Kilometer.

**Zeit:**
3 Stunden.

**Höhenunterschied:**
Unwesentlich.

**Sonstiges:**
Die Wanderung verläuft auf Naturpfaden und befestigten Forstwegen. Die Tour ist auch für einen kurzen Radausflug geeignet, notwendige Abweichungen von der Fußwanderung sind vor der Totenbachmühle, nach der Oberen Rauhmühle und am Wendepunkt hinter dem See.

**Verkehrsmittel:**
Busverbindung nach Waldenbuch.

**Einkehrmöglichkeiten:**
Obere Rauhmühle, Waldenbuch.

# Durch Wald und Schönbuchwiesen

## *Weil im Schönbuch – Breitenstein – Wolfenmühle – Weil im Schönbuch*

**Diese Tour ist, was die Landschaft betrifft, besonders abwechslungsreich. Wir durchwandern ein schönes Stück Wald, kommen aber auch durch ein idyllisches Bachtal, spazieren zwischen Feldern und Wiesen, treffen auf einen romantischen Weiher und haben von Zeit zu Zeit eine schöne Aussicht.**

■ **Ausgangspunkt:**
Weil im Schönbuch (Friedhof am Ortsende in Richtung Breitenstein).

■ **Wegverlauf:**
Wer mit der Schönbuchbahn anreist, geht von der Haltestelle aus hoch in Richtung Marktplatz, an der Kirche vorbei und geradeaus nach Norden in Richtung Breitenstein/Schönaich. Man verlässt Weil im Schönbuch und erreicht bald den rechts der Straße liegenden Friedhof. Wo kurz vor dem Friedhofsparkplatz die Stromleitungen nach Westen gehen, sehen wir Stufen, die hinab zur Landstraße führen.

**Weil im Schönbuch** (Höhe: 482 m)
Den hier gemachten Funden nach zu schließen, war die Gegend bereits in der Jungsteinzeit besiedelt, 1188 wurde der Ort als »Villa Wile« erstmals erwähnt. Als zu Zeiten des Dreißigjährigen Krieges in Tübingen die Pest wütete, wurde die Universität vorübergehend nach Weil verlegt. Früher baute man hier sogar Wein an, für eine kurze Zeit wurde auch nach Kohle geschürft. Die gotische **Pfarrkirche Sankt Martin** ist eine ehemalige Wehrkirche und geht auf eine sehr alte fränkische Urkirche zurück. Sie besitzt ein gotisches Gestühl. In die Mauer sind ungewöhnliche Todesinschriften aus dem 17. und 18. Jahrhundert eingemeißelt. Nach Georg Dehio ist sie eine der »großen und gut ausgestatteten Landkirchen des Kreises«. Eingefasst ist sie von einer Bruchsteinmauer, die an der Talseite

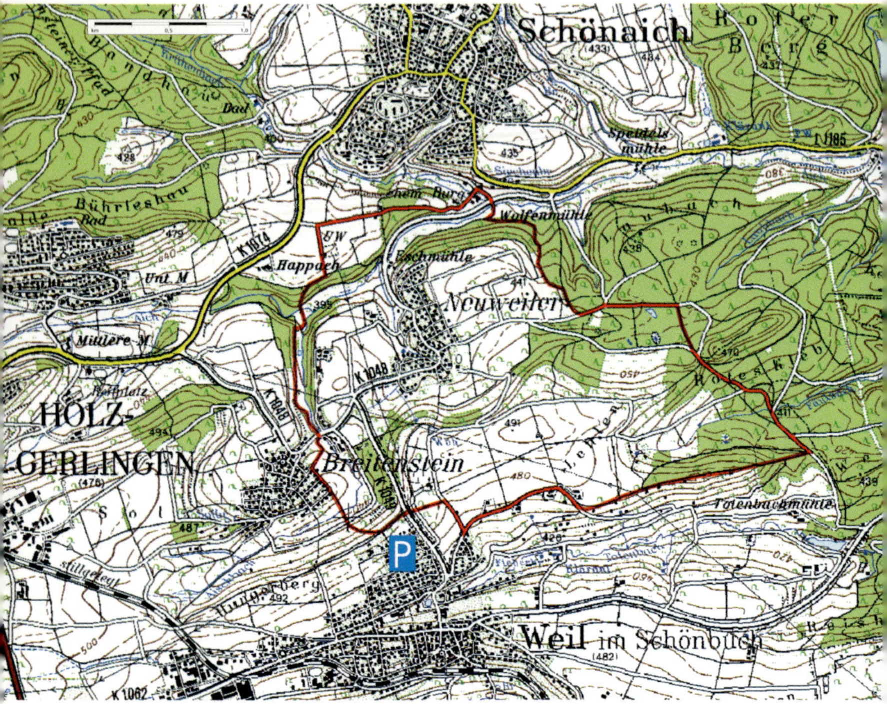


noch einen alten, zum Teil begehbaren Wehrgang hat (Zugang durch das kleine Gärtchen südlich der Kirche). Mit dem tiefer liegenden **Fachwerk-Pfarrhof** von 1579, dem ehemaligen Vogtsitz, ist sie durch ein Rundbogentor verbunden. In den Gassen ist noch einiges an alter Bausubstanz zu finden. Die alten Gebäude und die Straßennamen sind zum Teil durch Tafeln erklärt. Neben der Kirche befindet sich das ehemalige **Mönchshaus,** das im 17. Jahrhundert als Pfleghaus des Klosters Bebenhausen errichtet wurde. An der Gerichtslinde beim Bildstöckle, Ecke Dettenhäuser-/Paulinenstraße am östlichen Ortsende, stehen einige **Steindenkmale:** ein Pfeilerfragment, zwei Sühnekreuze aus dem 15./16. Jahrhundert sowie ein Gerichtsstein.

Auf der anderen Straßenseite nehmen wir den weiterführenden Weg, der uns eine schöne Aussicht in die breite Talmulde mit dem Dörfchen Breitenstein bietet. Bald geht nach rechts ein mit blauem Punkt bezeichneter Weg ab. Ihm folgen wir vorerst. Wir kommen nach *Breitenstein* und spazieren am Ortsrand entlang bis zur Umspannstation, dahinter nach rechts abwärts zur Landstraße.

**Breitenstein** (Höhe: 433 m)

Die spätgotische **Sankt-Georgs- Kirche,** 1488 errichtet von Meister Franz von Tübingen, ist ein kleiner, einschiffiger Saalbau mit schlichtem Inneren und einem Fachwerk-Dachreiter mit achteckigem Grundriss. Vermauert sind eine Bautafel von 1488 mit der Inschrift »under Apt Bernhardin ist gemachet 1488« und ein seltsamer Stein mit Reliefs und Rillen, vielleicht ein römischer Messstein oder ein ehemaliges Altarantependium einer Vorgängerkapelle. An der flachen Holzdecke des Chors befindet sich eine seltene Brandmalerei aus der ersten Hälfte des 16. Jahrhunderts. Im Ort stehen noch einige, zum Teil verputzte **Fachwerkhäuser,** außerdem findet man noch nette, verwinkelte Gässchen.

Auf der anderen Seite der Straße führt der mit blauem Punkt bezeichnete Weg in ein idyllisches Tälchen. Nach einiger Zeit schwenkt der Weg nach rechts, direkt in das Wiesental hinein, kurz darauf zieht er nach links, hoch in den Wald.

Nach kurzem Anstieg verlassen wir diesen aber wieder und halten uns rechts bis zum Umspannwerk. Hier biegen wir nach links ab, am nächsten Quersträßchen orientieren wir uns wieder rechts. Wir kommen, immer geradeaus gehend, nun vorbei am *Hundevereinsheim,* kurz durch den Wald, dahinter entlang einem schönen Bolz-, Spiel- und Grillplatz hinab zur *Wolfenmühle*.

Hinter der Mühle überqueren wir den Bach und treffen wieder auf das Wanderzeichen blauer Punkt. Wir gehen nach rechts zur Straße und folgen auf der anderen Seite dem Zeichen bis zum Waldrand. Der Weg führt uns hier kurz nach rechts, dann aber nach links, hinein in den Wald. Er steigt nun an – ein Stück durch einen unschönen, finsteren Wirtschaftswald –, dahinter nach rechts, aufwärts am Waldrand entlang.

Wo der mit blauem Punkt bezeichnete Weg nach rechts (Richtung »Weil im Schönbuch«) abgeht, spazieren wir geradeaus weiter, mit einigen Ecken, am Schluss an einem Holzlagerplatz vorbei, bis zum Waldrand.

Hier halten wir uns links, an der folgenden Verzweigung bleiben wir geradeaus auf dem mit einem blauen Kreuz gekennzeichneten Weg in Richtung »Waldenbuch«. Bald sehen wir einen idyllischen Tümpel, dahinter knickt unser bezeichneter Weg nach rechts ab. Es geht nun etwas aufwärts, hinein in die *Neuweiler Viehweide,* einem alten Hutewaldgebiet mit schönem, lockerem Baumbestand.

Die 13,5 Hektar große **Neuweiler Viehweide,** seit 1984 als Naturschutzgebiet ausgewiesen, ent-

*Der Blick zurück nach Weil im Schönbuch ist, wie die ganze Tour, auch im Winter sehr reizvoll.*

stand wie der Eisenbachhain (siehe Seite 43) aus einem Hutewald. Außer einigen alten Eichen mit Stammumfängen bis zu sechs Metern wachsen hier die verschiedensten Baumarten – Rot- und Hainbuche, Ahorn, Linde und Elsbeere. Das urwaldartige Waldgebiet bietet Höhlenbrütern gute Nistmöglichkeiten.

Nach einiger Zeit knickt der mit blauem Kreuz gekennzeichnete Weg nach links ab (Richtung »Waldenbuch«), kurz darauf müssen wir nach rechts abbiegen; von den zwei abgehenden Wegen nehmen wir den linken, der uns immer geradeaus ansteigend auf einen Bergrücken führt.

Oben haben wir ab und zu schöne Blicke nach links ins Totenbachtal (siehe Seite 22). Wir bleiben immer auf dem geradeaus führenden Weg, der bald in ein Asphaltsträßchen übergeht. Dieses zieht nach rechts, später dann, vorbei an einigen Gehöften, nach links.

Vor einer großen Holzscheune biegt nach rechts ein mit blauem Strich gekennzeichneter Weg ab. Nach dem Schaltwerk halten wir uns links und sind in wenigen Minuten wieder am Ausgangspunkt.

- **Länge:**
  11 Kilometer.
- **Zeit:**
  3 Stunden.
- **Höhenunterschied:**
  150 Meter.
- **Grill-/Spielplatz:**
  Vor der Wolfenmühle.
- **Sonstiges:**
  Die Wanderung verläuft auf Naturpfaden und befestigten Feld- und Forstwegen.
- **Verkehrsmittel:**
  Schönbuchbahn.
- **Einkehrmöglichkeiten:**
  Weil im Schönbuch.

# Zu mächtigen Bäumen

## *Mauren – Hildrizhausen – Gabeleiche – Altdorf – Mauren*

**Bei dieser Tour besuchen wir einige alte, mächtige Bäume, richtige Baummethusaleme, wie man sie nicht oft findet. Wir spazieren über die fruchtbare Holzgerlinger Platte, die ein recht interessantes Landschaftsbild aufweist, in der Mitte der Tour auch ein Stück durch den Wald.**

- **Ausgangspunkt:**
  Wanderparkplatz Bärenklinge (ein Kilometer westlich von Mauren).

- **Wegverlauf:**
  Wir folgen dem Weg Richtung Südosten in den Wald hinein, er bringt uns zu einer Wegspinne. Hier wandern wir auf dem mit dem blauen Strich gekennzeichneten Pfad halb links bis zum Waldrand, wo wir der gelb-blauen Raute des Schwarzwaldvereins nach rechts folgen.

Der Name **Mauren** kommt von römischen Mauerresten (muri = mauren) – hier fand man im frühen 19. Jahrhundert Bruchstücke von römischen Gefäßen und zwei römische Säulen. Das 1320 auf römischen Fundamenten erbaute Wasserschloss wurde 1615 abgebrochen; daneben errichtete 1617 der berühmte Hofbaumeister Heinrich Schickhardt ein Schlösschen mit Ecktürmchen. Auftraggeber war Johann Friedrich Schertel von Burtenbach, Nachkomme des alten Haudegens und Landsknechtführers Sebastian Schertel aus Schorndorf.

1806 kam Mauren unter württembergische Staatshoheit, 1943 wurde das Schloss fast vollständig durch Bomben vernichtet. Erhalten blieben nur noch das Erdgeschoss und Reste der Parkanlage.

Die ehemalige **Wallfahrtskirche Sankt Maria und Sankt Pelagius** wurde 1320 erstmals urkundlich erwähnt und 1826 profaniert. Jahrhundertelang hat man am

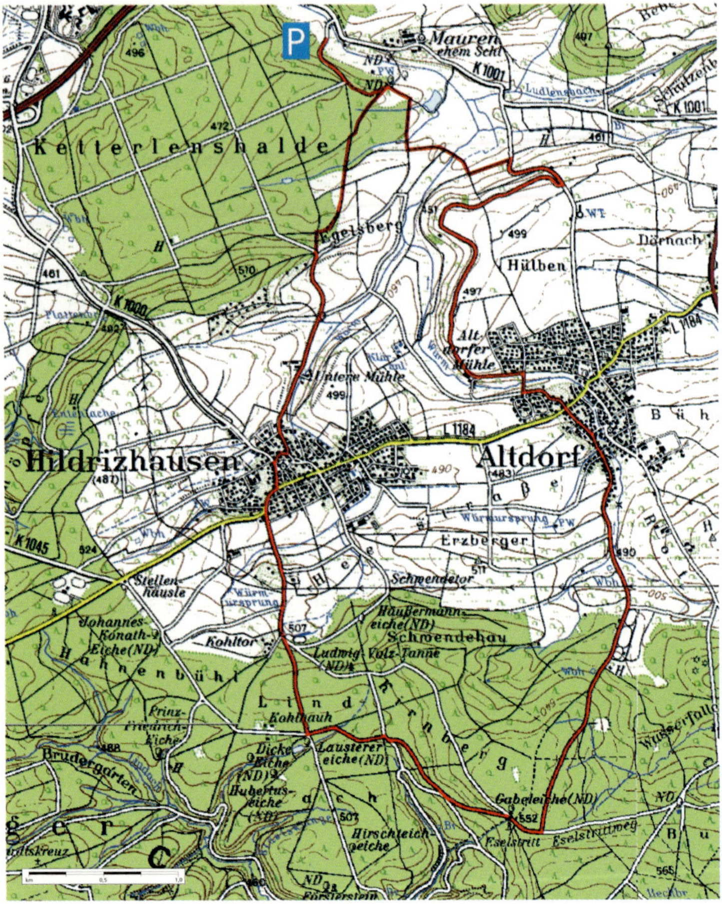


28. August, dem Fest des Mitpatrons Pelagius, den Pelagius- oder Boleymarkt (deutsch: Boley = Pelagius) abgehalten; einen bedeutenden Jahrmarkt an der hier vorbeiführenden, sicherlich belebten alten Rheinstraße (via rheni).

In der Nähe liegt der **Maurener See,** der ebenso wie die in der Nähe wachsenden Baumdenkmale unter Naturschutz steht.

An der nächsten Verzweigung halten wir uns links, über eine Brücke geht es dann aus dem Wald heraus und über die Wiese zur nächsten Waldecke. Dahinter spazieren wir nochmals kurz im Wald, dann gehen wir aber nach links hinaus und folgen nun dem blauen Kreuz über die Freiflächen nach Hildrizhausen. Kurz vor dem Ort kommen wir an der *Oberen Linde* vorbei.

Die etwa 17 Meter hohe **Obere Linde,** wohl einer der bemerkenswertesten Bäume des in diesem Buch beschriebenen Wandergebietes, ist zwischen 400 und 500 Jahre alt. Ihr Stammumfang beträgt rund 6,80 Meter, der Umfang der Krone etwa 21 Meter.

In *Hildrizhausen* spazieren wir geradeaus in den Ort hinein, bis kurz vor der Kirche der bezeichnete Weg nach rechts abgeht.

**Hildrizhausen** (Höhe: 487 m)

Die evangelische **Pfarrkirche Sankt Nikomedes** ist eine der wenigen romanischen Kirchen der Gegend und zählt hier zu den ältesten Sakralbauten (1275 erstmals erwähnt). Im 13. bis 15. Jahrhundert war sie wahrscheinlich mit einem kleinen Chorherrenstift verbunden. Die Kirche besitzt einen wuchtigen hochgotischen Südturm. Der großräumige, netzgewölbte Chor wurde schon als »der beste spätgotische Dorfkirchenraum im Schönbuch« bezeichnet.

Bemerkenswert sind der romanische Taufstein und das schöne Chorgestühl (1529) von Heinrich Schickhardt. Der Ort besitzt außerdem einen reizvollen **historischen Ortskern** mit zahlreichen, zum Teil unter Denkmalschutz stehenden **Fachwerkhäusern** des 16. bis 19. Jahrhunderts.

*Die Gabeleiche ist fast 400 Jahre alt.*

An der Durchgangsstraße wandern wir nach links bis zur Kreuzung mit der nach Herrenberg führenden Straße. Hier geht es kurz nach rechts, vor der Kurve aber wieder links ab (Richtung »Neue Brücke« bzw. »Friedhof«).

Wir spazieren nun geradeaus in den Wald hinein, kurz vorher wechselt unser Wanderzeichen in den blauen Punkt. Im Wald biegen wir

*Der idyllische Kohlweiher, an dem der Wanderer gut rasten kann, wird von drei als Naturdenkmal ausgewiesenen Bäumen eingerahmt, nämlich der Dicken Eiche, der Hubertuseiche und der Laustereiche.*

nach etwa fünfhundert Metern – kurz vor dem idyllischen *Kohlweiher* – nach links ab in Richtung »Eselstritt/Gabeleiche«.

Der *Eselstrittweg* beschreibt eine Rechtskurve, an der nächsten Kreuzung ist unser Weg noch bezeichnet, an der darauf folgenden (unbezeichneten) Gabelung nehmen wir den nach links oben führenden Zweig, der uns zur *Gabeleiche* und zum *Eselstritt* bringt.

Der Name **Eselstritt** kommt daher, weil die natürlichen Bodenvertiefungen im Liassandstein eine gewisse Ähnlichkeit mit Abdrücken von Eselstritten haben. Der Volkssage nach soll hier Jesus auf einem Esel geritten sein. Um die Stelle genau zu bezeichnen, hat 1840 der Bebenhausener Oberförster Vogelmann eine Sandsteinplatte mit einer eingemeißelten Eselsfährte setzen lassen. Daneben befinden sich die

**Eselstrittlinde** und die **Gabeleiche.** Diese über 380 Jahre alte Traubeneiche besitzt einen Stammumfang von ungefähr 4,50 Meter. Sie ist rund 27 Meter hoch und hat einen Kronenumfang von etwa 21 Metern. In etwa vier Meter Höhe gabelt sich der Stamm. An dieser Stelle führte auch die via rheni, die alte Rheinstraße, vorbei.

200 Meter weiter biegen wir nach links ab, das Wanderzeichen blauer Strich sehen wir erst nach einer Weile. Wir kommen nun nach *Altdorf* und gehen geradeaus durch den Ort hindurch, wobei wir der Laienstraße nach einiger Zeit nicht nach rechts zur Kirche folgen, sondern geradeaus die Gartenstraße nehmen. Wir überqueren die Durchgangsstraße, dahinter beschreibt der Weg eine Linkskurve.

**Altdorf** (Höhe: 483 m)

Die 1275 erstmals genannte **Pfarrkirche** steht innerhalb der früheren, ungewöhnlich hohen Wehrmauer mit zwei Rundbogentoren von 1695. Am viergeschossigen Nordostturm sieht man zwei ausdrucksstarke Masken. Der **Pfarrhof** stammt von 1600 und ist ein größtenteils verputzter Fachwerkbau; er liegt am Platz der früheren Burg der Herren von Altdorf. Im Ort sieht man schöne **Fachwerkgehöfte** des 16. bis 19. Jahrhunderts, ein **Brunnenhaus,** 1594 erbaut, und ein **Backhaus** aus dem 18. Jahrhundert.

An der Bushaltestelle biegen wir nach rechts ab, dann gleich wieder nach links Richtung Mühle. Oberhalb dieser spazieren wir nun am Trauf hoch über dem *Würmtal* entlang. Der Weg zieht nach rechts zum *Wasserturm*, ungefähr auf dessen Höhe wandern wir auf dem kreuzenden Sträßchen nach links bergab. Hinter der Rechtskurve nehmen wir den nach links durch die Wiesen führenden Weg. Kurz darauf biegen wir nach rechts ab. Bei den Elektroleitungen gehen wir nach rechts zum Waldrand, am abgestorbenen Baum (rechts davon liegt der Maurener See) nach links wieder zum Waldrand und dann auf bekanntem Weg zurück.

- **Länge:**
  15 Kilometer.

- **Zeit:**
  4 Stunden.

- **Höhenunterschied:**
  Unwesentlich.

- **Sonstiges:**
  Die Wanderung verläuft auf Naturpfaden und befestigten Feld- und Forstwegen.

- **Verkehrsmittel:**
  Busverbindung nach Hildrizhausen, man beginnt die Wanderung dann dort.

- **Einkehrmöglichkeiten:**
  Hildrizhausen.

# Durch das idyllische Schaichtal zur Sulzeiche

*Dettenhausen – Schaichtal – Sulzeiche – Dettenhausen*

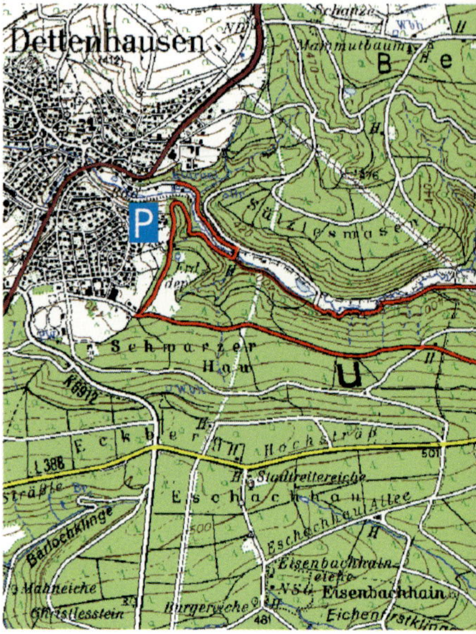


**Eines der schönsten und romantischsten Schönbuchtäler ist das Schaichtal. Der Bach mäandert hier in seinem natürlichen Bett; üppige Ufervegetation, bunte Talwiesen und schöne Mischwälder bestimmen das Landschaftsbild. Wir durchwandern den größten Teil des Tales. Nach einem kurzen Aufstieg sehen wir »zur Belohnung« einen der mächtigsten Bäume des Schönbuchs und haben außerdem eine herrliche Fernsicht auf die Schwäbische Alb und das fruchtbare Albvorland.**

- **Ausgangspunkt:**
Dettenhausen.

- **Wegverlauf:**
Wer mit der Schönbuchbahn von Böblingen aus nach Dettenhausen fährt, beginnt seine Wanderung am Bahnhof. Von dort geht es zunächst zur Durchgangsstraße (Richtung Westen), der ehemaligen B 27, und an dieser entlang nach links in Richtung Waldenbuch, bis nach rechts ein Schild zum »Wanderparkplatz/Freibad« weist.

Autofahrer parken am besten auf diesem Parkplatz.

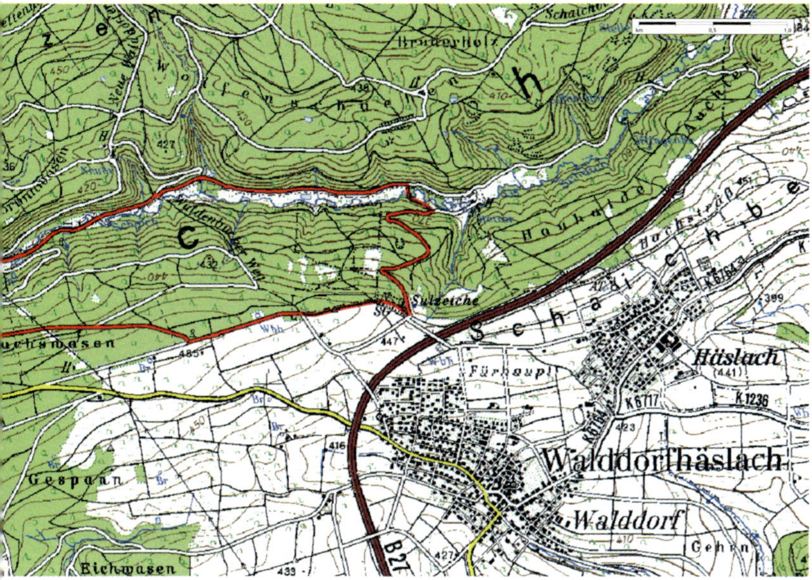


**Dettenhausen** (Höhe: 366–509 m)

Besonders sehenswert ist das **Schönbuchmuseum,** Ringstr. 3. Gezeigt werden Exponate zur Jagd, zur wirtschaftlichen Nutzung des Waldes und zum Steinhauerhandwerk. Auskunft: Tel. (0 71 57) 126-32. Öffnungszeiten: April bis November an Sonn- und Feiertagen 14–18 Uhr. Dahinter liegt das **Kathreehäusle** (Kirchstraße 15), ein 1839 erbautes, winziges Häuschen, fast ein Puppenhaus. Auf weniger als 15 Quadratmetern lebten zeitweise bis zu sieben Personen! Im Haus wird die Originaleinrichtung der letzten Bewohnerin, der 1951 gestorbenen Kathree Oßwald, gezeigt. Auskunft: Tel. (0 71 57) 126-32. Öffnungszeiten: nach Vereinbarung.

Wir befinden uns nun bereits im *Schaichtal,* in dem wir jetzt eine Zeit lang bleiben werden. Das Wanderzeichen, das aber kaum benötigt wird, ist der rote Punkt.

Historiker vermuten, dass der keltische Gewässername **Schaich** namensgebend für den ganzen Schönbuch gewesen sein könnte – dieser wurde im 12. Jahrhundert urkundlich »Schainbuoch« genannt. Der Ursprung des Baches liegt im so genannten Hengstbrunnen in der Nähe des Eselstritts. Das noch naturbelassene Schaichtal ist ab Dettenhausen eines der landschaftlich reizvollsten Täler des Schönbuchs: etwa acht Kilometer lang, mit vielen Seen und Tümpeln, zum Teil mit Seero-

*Das naturbelassene Schaichtal fasziniert zu jeder Jahreszeit.*

sen. Etwa fünf Kilometer von Dettenhausen entfernt befand sich im 15. Jahrhundert ein Stausee, dessen Damm heute noch als Wall zu erkennen ist. Vermutlich diente er der Fischzucht des Klosters Bebenhausen – die Zisterziensermönche durften kein Fleisch essen. 1915 bezeichnete die Oberamtsbeschreibung Stuttgart die Schaich noch als »wilden Waldbach«. Bei Neuenhaus vereint sie sich mit der Aich.

Nach einem kleinen See geht es nach rechts über eine Brücke. Jetzt wird unser Weg alleenartig von knorrigen Bäumen gesäumt. Bald sehen wir vor uns den ehemaligen Staudamm.

Etwas später führt der mit rotem Punkt gekennzeichnete Weg nach rechts den Wald hinauf, wir folgen aber dem blauen Punkt und spazieren geradeaus weiter. Links des Weges sehen wir bald ein Seelein, das mit den Felsbrocken in seiner Mitte wohl eines der schönsten im Tal ist.

Kurze Zeit später sehen wir rechts einen weiteren See; aus ihm ragen die Stümpfe abgestorbener Bäume heraus – ein wenig Urwaldatmosphäre kommt auf! Bei einer überdachten Grillstelle weist uns das Zeichen blauer Strich nach rechts in Richtung »Heilbrunnen Sulzeiche«. An der nächsten Rechtskurve können wir einen kurzen Ab-

*Von der Sulzeiche aus hat man einen wunderbaren Blick auf den Albtrauf.*

stecher (500 Meter) zum *Heilbrunnen* machen – früher angeblich einer der heilkräftigsten Brunnen im Schönbuch –, oder wir folgen gleich dem Weg mit dem blauen Kreuz. Nach etwa einer halben Stunde sehen wir rechts oben am Waldrand die *Sulzeiche*.

Die **Sulzeiche,** eine etwa 400 Jahre alte Stieleiche, ist als Naturdenkmal ausgewiesen. Sie ist rund 22 Meter hoch, ihr Kronenumfang beträgt 27 Meter. Man befindet sich hier in dem mit 1,8 Hektar Größe kleinsten Naturschutzgebiet des Schönbuchs. Der Begriff »Sulz-« kommt eventuell von einer Salzlecke für das Vieh oder von einer Suhle. Bedingt durch die hier vorherrschende, Trockenheit liebende Vegetation beziehungsweise den Magerrasen gibt es eine sehr artenreiche Insektenwelt. So wurden in diesem Gebiet 126 Arten von Bienen und Wespen gezählt, 63 dieser Arten legen ihre Nester im Boden an. Für viele von ihnen ist hier der einzige Standort im Raum Tübingen/Reutlingen; von einer Grabwespenart gibt es in ganz Baden-Württemberg nur noch einen einzigen weiteren Standort.

Wir biegen jetzt nach rechts ab und spazieren am Waldrand entlang. Von hier hat man eine herrliche Sicht zur Schwäbischen Alb. Nach einigen Minuten führt nach links ein

Sträßchen zur Gaststätte Ferienheim. Wir wandern oben am Waldrand weiter, etwas später bringt uns der mit blauem Kreuz gekennzeichnete Weg nach rechts in den Wald hinein. Bequem bergab schlendernd kommen wir zum *Weißen Häusle,* einer Schutzhütte mit Feuerstelle, nun geht es wieder leicht bergauf, dann aber eben weiter bis zum Waldrand.

Wer zum Wanderparkplatz muss, nimmt hier den nach rechts abwärts führenden Weg, der ihn hinab ins *Schaichtal* bringt; dort kommt man auf bekanntem Weg nach links zurück.

Wer zur Bahn geht, spaziert geradeaus bis zum *Sportplatz* und dort nach rechts, hinab nach *Dettenhausen*.

- **Länge:**
14 Kilometer.

- **Zeit:**
4 Stunden.

- **Höhenunterschied:**
150 Meter.

- **Grill-/Spielplätze:**
Schaichtal, Weißes Häusle.

- **Sonstiges:**
Die Wanderung verläuft auf Forstwegen.

- **Verkehrsmittel:**
Schönbuchbahn.

- **Einkehrmöglichkeiten:**
Dettenhausen, Ferienheim.

# Schöne Buchen, Talauen und ein Moorsee

## *Wanderparkplatz Schaichhof – Birkensee – Lindachspitzhütte – Teufelseiche – Wanderparkplatz Schaichhof*

**Bei dieser Wanderung kann man im wahrsten Sinne des Wortes sagen: »Der Weg ist das Ziel«. Es gibt keine herausragenden Höhepunkte, nur prächtigen Wald, liebliche Täler und ab und zu Fernblicke – eben »Schönbuch pur«. Eine naturkundliche Besonderheit ist jedoch der Birkensee und als ein besonders idyllisches Stück Natur entpuppt sich das Goldersbachtal.**

- **Ausgangspunkt:** Wanderparkplatz Schaichhof.

- **Wegverlauf:**
Wir folgen dem Sträßchen, das in den Wald hineinführt, immer geradeaus fünf Minuten bis zur Weggabelung, dort biegen wir nach rechts in die *Brombergebenestraße* ein. Im Wald an der Wegkreuzung wandern wir auf dem nicht zu verwechselnden Hauptweg nach rechts. Ein paar Minuten später geht vom Hauptweg aus ein Pfad nach links in den Wald hinein zum *Birkensee*.

Bei dem als Naturdenkmal geschützten **Birkensee** wachsen im Schönbuch seltene Pflanzengesellschaften. Die Flora hat hier Schwarzwaldcharakter; zu finden sind Roter Fingerhut, Besenginster, Adlerfarn, Sonnentau, das Breit- und das Schmalblättrige Wollgras, die Heide- und die Prachtnelke, Bärlapp und Heidelbeeren. Viele der früher hier nachgewiesenen seltenen Sumpf- und Moorgewächse sind heute zwar leider verschwunden, der Bereich um den Birkensee gehört aber immer noch zu den pflanzenkundlich interessantesten

Gebieten des Schönbuchs. Der fast verlandete Hochmoor-See liegt auf dem höchsten Punkt des Waldgebietes, der 583 Meter hohen Brombergebene, und entstand erst Anfang des 19. Jahrhunderts auf der Sohle eines aufgelassenen Rätsandsteinbruchs. Der Waldbestand um den Birkensee hat schwer unter dem Orkan Lothar gelitten.

Wir folgen, nachdem wir uns an der urigen Moorlandschaft sattgesehen haben, dem Pfad zurück zum Forstweg. Auf ihm überqueren wir nun den Bromberg. Nicht ganz eine halbe Stunde nach dem Birkensee endet unser Sträßchen an einem Querweg, dem wir nach rechts folgen. Nach dem Gattertor spazieren wir auf dem nach links führenden Weg weiter.

Nach rund zehn Minuten treffen wir auf die *Gabeleiche* (siehe Seite 33), gehen auf dem breiten Waldweg hinab, überqueren einen Weg und kommen zu einem anderen Querweg (rechts Waldabteilungsschild »I 11 Hint. Steinbruch«). Hier

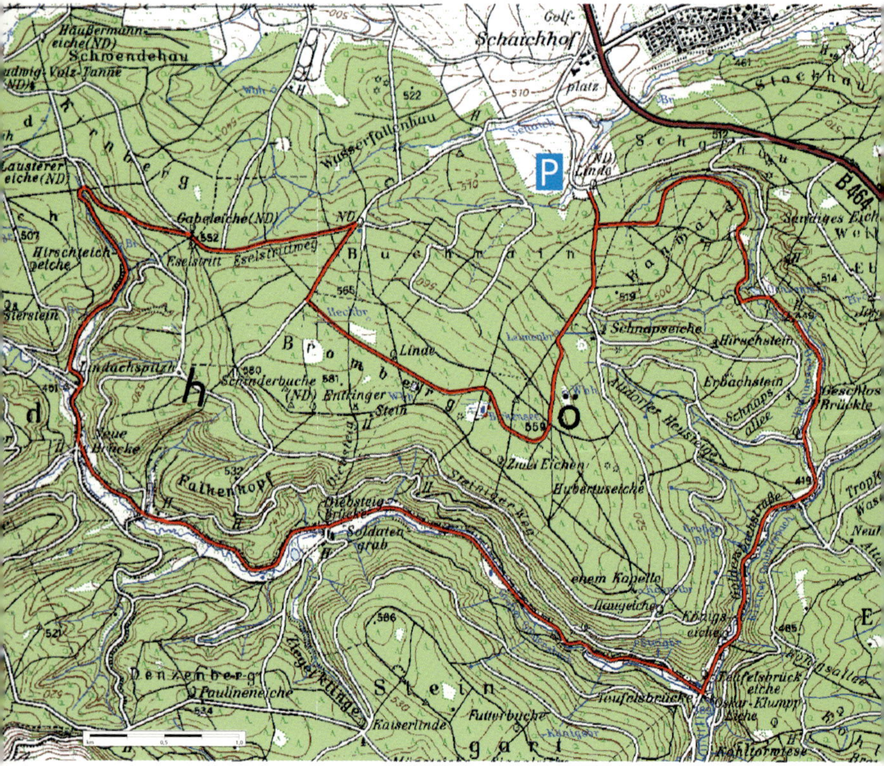

Die Lindachspitzhütte lockt zu einer geschützten Rast.

biegen wir nach links ab. Es geht weiter hinab; nachdem es ebener geworden ist, folgt eine Verzweigung. Wir halten uns links und kommen zur *Lindachspitzhütte* mit dem Gedenkstein anlässlich des Besuchs Kaiser Wilhelms II. im Jahr 1893. Etwas später sind wir am Rast- und Grillplatz *Neue Brücke*. Wir biegen nach links ab und können uns nach dem Tor nicht mehr verlaufen. Wir sind jetzt im *Großen Goldersbachtal*.

Das **Goldersbachtal** teilt sich an der Teufelsbrücke in das Große und das Kleine Goldersbachtal und gehört mit seinen Talauen sicherlich zu den schönsten Schönbuchtälern. Umgeben ist es von urwaldartigem Schonwald, in dem jegliche forstliche Nutzung unterbleibt; hier wachsen prächtige alte Bäume, darunter auch Kastanien. Mit seinen zahlreichen Zuflüssen entwässert der Goldersbach den südlichen Schönbuch, er ist wahrscheinlich eines der letzten noch intakten Bachsysteme im Mittleren Neckarraum. Heute wird versucht, durch gezielte Pflegemaßnahmen (zum Beispiel jährliche späte Mahd mit Entfernung des Schnittguts, keine Düngung) wieder feuchte Streuwiesen mit Orchideenstandorten zurückzugewinnen. Im Frühjahr findet man beispielsweise Knabenkräuter, Trollblumen oder Sumpfdotterblumen. Hier haben auch der Gelbe Eisenhut und die Kugelige Teufelskralle ihr Hauptverbreitungsgebiet. Im Tal sind insgesamt rund 390 Pflanzen und über neunzig Moosarten zu finden, nicht wenige davon stehen in der »Roten Liste« der aussterbenden Arten. Der Goldersbach mündet bei Lustnau in die Ammer. Neben zahlreichen Erholungseinrichtungen (Rast- und Grillplätze, Spielwiesen) zeichnet sich das Tal durch einige zwar künstlich angelegte, aber idyllische Teiche, teilweise mit Seerosen, aus.

Entlang an alten Schonwaldbeständen mit romantisch bemoostem Bruchholz, vorbei an einem idyllischen Weiher und vielen Rastplätzen, erreichen wir nach einer halben Stunde das *Soldatengrab*.

*Das Gebiet um den Birkensee ist moorig.*

nach links ab, gleich darauf nach rechts. Nach etwa zehn Minuten kommen wir an einer kleinen Lichtung mit einigen eingezäunten Bäumen vorbei, danach zieht der Weg nach links und beschreibt einen großen Bogen um das Gebiet Banwald. Dann knickt er nach rechts ab und bringt uns zu dem Querweg, den wir noch vom Anfang her kennen. Er führt uns nach rechts zurück zum Parkplatz.

Hier im Schönbuch lagen 1945 noch einige abgeschnittene deutsche Divisionen. Das **Soldatengrab** erinnert an den Gefreiten Viktor Wagner, der noch in den letzten Tagen des Zweiten Weltkrieges an dieser Stelle sein Leben lassen musste.

Nach einer weiteren halben Stunde kommen wir zum »Knotenpunkt« *Teufelsbrücke*. Auf dem Rastplatz und am Seerosenteich ist immer viel los (siehe Seite 91). Hier biegen wir nach links ab ins *Kleine Goldersbachtal*. Vorbei an uralten Baumriesen und weiteren Rastplätzen erreichen wir nach 45 Minuten den *Ochsenweiher*. Zuvor müssen wir aufpassen: An der ersten Weggabelung nehmen wir den linken Weg – angezeigte Richtung »Ochsenweiher« –, an der zweiten Weggabelung den rechten Weg (hier zeigt das Schild nur nach links in Richtung »Schnapseiche/ Schaichhof«). Am Weiher biegen wir

- **Länge:**
  15 Kilometer.

- **Zeit:**
  3 bis 4 Stunden.

- **Höhenunterschied:**
  200 Meter.

- **Grill-/Spielplätze:**
  Ausgangspunkt, im Goldersbachtal.

- **Sonstiges:**
  Die Wanderung verläuft auf Naturpfaden und befestigten Forstwegen.

- **Einkehrmöglichkeiten:**
  Keine.

# Alte Eichen, ein Schloss und eine römische Göttin

*Wanderparkplatz bei Dettenhausen – Eisenbachhain – Lindenallee – Schloss Einsiedel – Jägersitz – Wanderparkplatz*

**An heißen Sommertagen ist ein Spaziergang im schattigen Wald ein Genuss. Ebenso im Frühling, wenn die Bäume ein lichtes grünes Kleid tragen. Oder im Herbst, wenn sie in den buntesten Farben leuchten. Und was der Schönbuch außer Wald noch an kulturhistorisch Interessantem zu bieten hat, wird bei dieser Wanderung zu sehen sein.**

**Ausgangspunkt:**

Wanderparkplatz bei Dettenhausen.

**Wegverlauf:**

Unseren Parkplatz finden wir, indem wir nach Dettenhausen (in Richtung Tübingen) zweimal die erste Abzweigung nach links (Richtung Walddorf/Pfrondorf) nehmen. Auf dem ersten Wanderparkplatz stellen wir unser Auto ab. Wir gehen in den Wald hinein und können gleich nach der Lichtung mit der *Eisenbachhaineiche* schon den ersten Baummethusalem dieser Wanderung bewundern. Wir wandern weiter geradeaus und erfreuen uns an dem romantischen Anblick des links von uns befindlichen Naturschutzgebiets Eisenbachhain mit seinen vermodernden und bemoosten Bäumen.

Der 8,3 Hektar große **Eisenbachhain** ist das älteste Naturschutzgebiet im Landkreis Tübingen und wurde bereits 1936 unter Schutz gestellt. Schon 1915 wurde die Gegend vom königlichen Oberförster Konrad Münst zum ersten Bannwald des Schönbuchs erklärt. Der Eisenbachhain entstand aus einem al-

ten Hutewald, in dem Rinder und Schweine weideten, und bietet ein urwaldartiges Erscheinungsbild mit bis zu 300 Jahre alten Eichen, bis zu 200 Jahren alten Buchen und über 100 Jahre alten Birken sowie einigen Hainbuchen. Der Name erinnert an den ersten Vorstand des früheren Forstamtes Bebenhausen, Forstmeister Eisenbach, der hier für seinen Sohn, den 1914 in Frankreich gefallenen Forstamtmann und Oberleutnant Hans Eisenbach, einen Gedenkstein setzen ließ.

Die **Burgereiche**, eine 350 Jahre alte Eiche mit einem Stammumfang von rund 4,90 m, bekam ihren Namen nach dem 1971 verstorbenen Oberforstrat Herrmann Burger, dem langjährigen Vorstand des Forstamtes Einsiedel. Sie ist rund 22 m hoch, und der Durchmesser ihrer Krone beträgt etwa 24 m.

An der Burgereiche nehmen wir den linken Weg, halten uns bei der nächsten Abzweigung rechts und spazieren in zwanzig Minuten bis zu einem Querweg. Hier rechts abbiegend, treffen wir gleich darauf, an Bach und Bank, auf die *Lindenallee* (Wanderzeichen blauer Punkt).

Die kerzengerade **Lindenallee** mit über 200 Jahre alten Linden hat die Schlösser Einsiedel und Solitude (bei Stuttgart) verbunden. Es gibt insgesamt neun Alleen, die von Einsiedel aus spinnennetzartig über die Freifläche und zum Teil in den Wald führen. Noch zu Zeiten von Herzog Carl Eugen, durfte sie niemand befahren, deshalb waren Schlagbäume errichtet. Wer sich nicht an das Verbot hielt, wurde mit zehn Gulden Strafe belegt. Durch den Orkan Lothar wurde die Lindenallee stark beschädigt, durch freiwillige Arbeitsleistungen der Mitglieder des Fördervereins Schönbuchs konnten aber wieder neue Linden gesetzt werden.

Dieser Allee folgen wir nach links und gehen geradeaus dem Licht zu, das uns bald das Waldende anzeigt. Nun stehen wir vor den Ackerflächen des Schlosses Einsiedel. Vor uns sehen wir die Achalm und dahinter die »blaue Mauer« – die wunderschöne Silhouette der Schwäbischen Alb. Am Waldrand wandern wir auf dem mit einem roten Strich gekennzeichneten Weg nach links bis zum Grillplatz. Wer will, kann auch über den Wiesenweg nach rechts zum *Schloss Einsiedel* gehen, muss dann aber wieder an den Waldrand zurückkehren.

Das ehemalige **Jagdschloss Einsiedel** wurde 1482 von Herzog Eberhard im Bart als Stift Sankt Peter erbaut. Hier waren zum ersten Mal im Land die »Blauen Mönche« zu finden. Diesen Orden der »Brüder vom gemeinsamen Haus« hat Graf Eberhard im Bart mit Hilfe niederländischer Ordensbrüder im Land eingerichtet. Hier sollten Angehörige der drei Stände des Mittelalters – Klerus, Adel und Bürger – vereint sein. Der Name kommt von der Ordenstracht: blaugraue Kutten mit hohen, spitzen Kapuzen, weswegen sie auch »Kappenherren« oder »Gugelesmönche« genannt wurden. Das Stift verlor nach dem Tod Eberhards an Bedeutung und wurde 1534 im Zuge der Reformation aufgehoben. Im Hof wächst der berühmte **Weißdorn.** Der Sage nach hat ihn Graf Eberhard im Bart 1463 von seiner Pilgerfahrt nach Jerusalem mitgebracht. Der erste war bereits um 1700 am Absterben und musste von vierzig steinernen und

*Im Hof von Schloss Einsiedel steht dieser Tisch. Seine Füße gehörten einst zu Säulen, die den von Graf Eberhard gepflanzten Weißdorn stützten.*

hölzernen Säulen, auf denen drei rundumlaufende Gesimse lagen, gestützt werden. Reste der steinernen Säulen dienen heute als Füße für Tische und Sitze. Der jetzige Baum entstand aus einem Zweig des vorherigen.

Nachdem wir gerastet und auch die interessante Lehrpfadtafel gelesen haben – wir werden noch einige weitere informative Tafeln dieses Lehrpfades sehen – folgen wir dem Weg in den Wald hinein. Etwas später spazieren auf dem Wall der keltischen Viereckschanze nach rechts, dann nach links zu einem breiten Forstweg. Hier halten wir uns rechts. Wir kommen an einem römischen Bildstein vorbei, danach überqueren wir zwei Wege, die mit den Wanderzeichen blauer bzw. roter Balken gekennzeichnet sind. Kurz darauf weist uns ein Holzschild mit Schlüsselsymbol einige Meter nach links in den Wald hinein. Hier finden wir einen alten Grenzstein mit den gekreuzten Schlüsseln des heiligen Petrus – es ist das Wappen des Klosters Einsiedel. Wir gehen anschließend wieder auf den Forstweg zurück und folgen ihm in der ursprünglichen Richtung. Kurz danach folgt links der einzige noch im Schönbuch erhaltene römische Viergötterstein. Etwas später kommt die nächste Schautafel mit Informationen zur Waldweide.

Kurz darauf weist uns eine weitere Schautafel auf eine *Grabhügelgruppe* aus der Hallstattzeit hin. Jetzt umrunden wir auf dem rechten, leicht abwärts führenden Weg den vor uns liegenden *Dürrenberg*. An der nächsten Kreuzung – hier steht eine Tafel zu den »Schönbuchgerechtigkeiten« – biegen wir nach links ab. Auch bei der darauf folgenden Kreuzung halten wir uns links und wandern etwas bergauf bis zur nächsten Kreuzung, die wir geradeaus überqueren. An der nächsten Weggabelung nehmen wir den rechten Abzweig. Nach einer scharfen Kurve führt uns der Weg leicht bergab aus dem Wald. Nach Rastplatz und Kläranlage gehen wir links etwas aufwärts, biegen aber bereits in den nächsten Weg nach rechts ein. Durch Wiesen mit herrlichen Ausblicken spazieren wir gemütlich bis zum zweiten Querweg. Hier wandern wir nach rechts über den Bach. Vor der Scheune biegen wir wieder nach links ab und schlendern in der ursprünglichen Richtung weiter bis zum Parkplatz. Durch diesen gehen wir hindurch und folgen dem mit einem blauen Punkt gekennzeichneten Weg in Richtung »Jägersitz«. Leicht bergauf gehend halten wir uns beim Schild »Nördliche Moospatte« links und spazieren nun fast eben in rund zwanzig Minuten zum Grill- und Spielplatz *Jägersitz.*

Danach geht es weiter nach rechts über romantische Bachläufe bis zu einer kleinen Holzhütte. Wenn wir hier nach links abbiegen, kommen wir in kurzer Zeit wieder zur *Eisenbachhaineiche*, von wo es nach rechts nur noch ein Katzensprung auf bekanntem Weg zum Parkplatz ist.

- **Länge:**
  16 Kilometer.

*Bildstein der römischen Göttin Herecura am Archäologisch-historischen Lehrpfad Einsiedel*

- **Zeit:**
  4 Stunden.

- **Höhenunterschied:**
  Unwesentlich.

- **Grill-/Spielplatz:**
  Jägersitz.

- **Sonstiges:**
  Die Wanderung verläuft auf befestigten Wegen.

- **Einkehrmöglichkeiten:**
  Keine.

# Von Bebenhausen aus zwei prächtige Bachtäler entdecken

## *Bebenhausen – Königsjagdhütte – Saurucken – Bebenhausen*

**Diese Wanderung führt vom Goldersbach zum Arenbach. Interessant bei dieser Tour sind die Teiche im Goldersbachtal. Einer liegt beispielsweise vor dem Geschlossenen Brunnen, hier gibt es im Frühjahr viele laichende und laut quakende Frösche.**

- **Ausgangspunkt:**
  Bebenhausen.

- **Wegverlauf:**
  Wir nehmen den mit rotem Strich gekennzeichneten Weg, der am südlichen Ortsende entlang des *Goldersbaches* (siehe Seite 41) führt. Am *Geschlossenen Brunnen* (Grillplatz, Schutzhütte, Spielplatz) biegen wir nach rechts ab.

Am **Geschlossenen Brunnen** ist im Prallhang des Goldersbachtales ein schöner Aufschluss des Oberen Bunten Mergels mit einem charakteristischen Wechsel von feinschichtigem Tonstein und Steinmergel- bzw. Dolomit-Bändern zu sehen. Das Wasser wurde früher nach Bebenhausen geleitet und dort verwendet.

Kurz darauf an der *Tellerbrücke* teilt sich das Sträßchen, wir nehmen den linken Zweig. Der Weg führt etwas aufwärts, nach rechts sehen wir hinab ins Tal zum mäandernden Goldersbach. Bevor der Weg jedoch wieder etwas fällt, biegen wir scharf nach links in den *Jägerweg* ein. Nun geht es weiter aufwärts. Später, nachdem wir ein Stück in der Ebene wandern durften, zweigt nach rechts der Weg zur *Königsjagdhütte* ab.

Die **Königliche Jagdhütte** wurde 1888 auf dem Plateau des Steingart

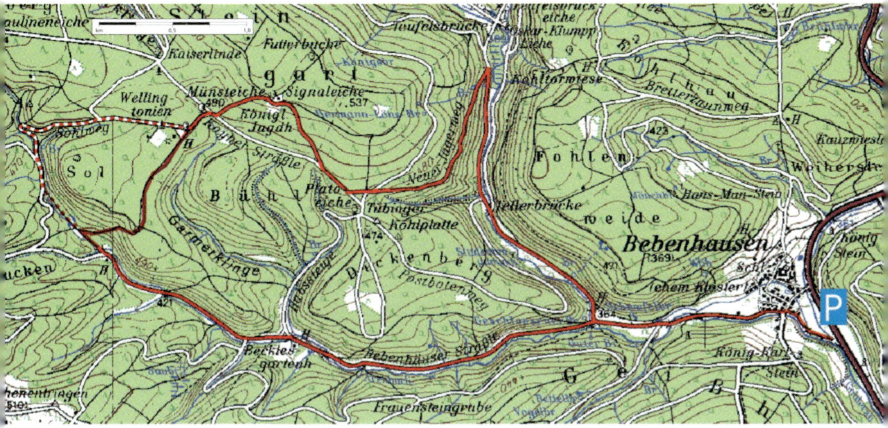


durch den damaligen Kronprinzen Wilhelm von Württemberg als geräumiges Blockhaus erbaut.

Sie ist wohl deshalb so bescheiden ausgefallen, weil der auf Sparsamkeit bedachte Kronprinz sich nicht dem Vorwurf aussetzen wollte, er habe zu viel Geld ausgegeben, zumal 1807 bis 1811 unter König Friedrich im ehemaligen Kloster Bebenhausen das Abtshaus bereits zum königlichen Jagdschloss umgebaut worden war und weitere umfangreiche Ausbauten in den Klosteranlagen dann nochmals unter König Karl (1864–1891) erfolgt waren.

Auf dem Gelände steht auch die **Signaleiche.** Hier stellten sich die Jäger auf und bliesen »Willkommen«. Unter ihr wurde nach der Jagd auch die »Strecke« gelegt. Königin Charlotte erlegte hier um 1900 den letzten Auerhahn des Schönbuchs.

Nun geht es wieder abwärts, immer geradeaus, vorbei an der *Münst-* und der *Charlotteneiche*, am Schluss steil bergab zum *Saurucken*. Wer möchte, kann aber auch kurz nach der Münst-Eiche sich rechts halten und auf dem *Sohlweg* weitermarschieren. Er beschreibt nach einigen Minuten eine Haarnadelkurve nach rechts; vorbei an einem Brunnen und dem *Erlenweiher* kom-

*Die Königsjagdhütte, einst Mittelpunkt der herrschaftlichen Jagd*

as Arenbachtal in herbstlicher Farbenpracht

men wir ebenfalls zum *Saurucken* (siehe Tour 13).

**Konrad Münst** war ab 1881 42 Jahre lang Forstamtsleiter in Entringen und hat sich vor allem bei der Bekämpfung der Wilderei Verdienste erworben. Er begleitete König Wilhelm II. meist auf der Jagd und führte sorgfältig Buch über die Abschüsse.

Die **Charlotteneiche** wurde nach der zweiten Frau des Prinzen und späteren Königs Wilhelm benannt, der Prinzessin Charlotte zu Schaumburg-Lippe. Sie interessierte sich wie er sehr für die Jagd und lebte von 1918 bis 1946 in Bebenhausen, wo sie am 16. Juli 1946 starb.

Wir durchwandern nun in Richtung Südosten das *Arenbachtal* mit seinen urig bemoosten alten Bäumen und kommen zurück nach *Bebenhausen*.

Der **Arenbach** entspringt östlich vom Schönbuchspitz und verläuft, wie die meisten anderen Bäche, in West-Ost-Richtung. Am Geschlossenen Brunnen vereinigt er sich mit dem Goldersbach. Sein Tal ist ein herrliches Bachtal mit alten Bäumen, darunter prächtigen Kastanienbäumen, und romantischen Weihern. Leider haben viele Bäume im Arenbachtal unter dem Orkan Lothar am 26. Dezember 1999 schwer gelitten.

- **Länge:**
  13 Kilometer.

- **Zeit:**
  3 Stunden.

- **Höhenunterschied:**
  170 Meter.

- **Grill-/Spielplätze:**
  Geschlossener Brunnen, Saurucken.

- **Sonstiges:**
  Die Wanderung verläuft auf Naturpfaden und befestigten Wegen.

- **Verkehrsmittel:**
  Busverbindungen.

- **Einkehrmöglichkeiten:**
  Bebenhausen.

# Um den Kirnberg

## *Parkplatz Kirnberg – Langer Rücken – Kirnbachtal – Parkplatz Kirnberg*

**In den Schönbuch kann man immer wieder gehen. Jede Jahreszeit hat ihre eigenen Reize, und wenn eine Wanderung, so wie diese, nicht nur eine reine Waldwanderung in der Natur ist, sondern noch das alte Kloster Bebenhausen berührt, dann lockt sie besonders. Schließlich gibt es hier einiges zu besichtigen.**

**Ausgangspunkt:**
Parkplatz Kirnberg, südlich von Bebenhausen.

**Wegverlauf:**
Wir nehmen den – vorerst – mit rotem Balken gekennzeichneten Weg, der nach dem ersten Lehrpfadschild nach links aufwärts führt. (Wer in Bebenhausen beginnt, vielleicht weil er mit dem Bus anreist, nimmt ebenfalls den so markierten Pfad auf der dem Ort gegenüberliegenden Straßenseite und kommt damit auch auf diesen Weg – es ist der zweite Forstweg, auf den der nach oben führende Pfad trifft).

Diesem Weg folgen wir nach Norden, bis er bei einer Rechtskurve wieder eben wird, danach biegen wir rechts in das *Kirnbergsträßchen* ein. Bei der nächsten Verzweigung bleiben wir links, an der darauf folgenden Kreuzung nehmen wir das nach rechts führende Sträßchen in Richtung »Dettenhausen«. Es bringt uns über den *Langen Rücken*, vorbei an der Ruine der *Otto-Schäffer-Linde* und der *Bärlocheiche*. Weiter geht es bis zur *Kreuzbuche* mit dem Schwedenkreuz.

*Nach der Schlacht von Nördlingen fielen am 8. September 1634 kaiserliche Truppen in den Schönbuch ein. Daran erinnert das Schwedenkreuz.*

Die dem Landforstmeister **Otto Schäffer** (1898–1958) gewidmete Linde brach vor einigen Jahren ab, zu sehen ist noch der Stumpf.

Im Bereich des »Langen Rückens« findet man einige Namen in Verbindung mit **»Bär...«.** Dieser Name kommt von den Zuchtebern, genannt »Bären«, die zu Zeiten der Waldweide hierher zur Eichelmast getrieben wurden. Um die Bärlochhütte stehen interessante alte Bäume, außerdem findet man hier Rastplätze, eine Grillstelle, Schutzhütten und einen Spielplatz mit Spielwiese.

Die etwa 250 Jahre alte **Kreuzbuche** ist rund 31 Meter hoch, ihr Stamm hat einen Umfang von 4,60 Meter, ihre Krone von 23 Meter.

An ihrem Fuß steht das Schwedenkreuz, das an den Dreißigjährigen Krieg erinnert.

Hier biegen wir nach rechts ab; auf dem geschwungenen *Heuweg* spazieren wir bergab bis zum *Kirnbachsträßchen*. Rechts abbiegend bringt es uns durch das idyllische *Kirnbachtal* mit einem sich schlängelnden Bach zurück zum Ausgangspunkt.

Der romantische **Kirnbach** beginnt in der Bärlochklinge, verläuft zwi-

*Dieser Brunnen im Kirnbachtal erweckt eine fast märchenhafte Stimmung.*

schen Kirnberg und der Pfrondorfer Hochfläche und fließt zwischen Bebenhausen und Lustnau in den Goldersbach. In seinem unteren Teil befindet sich der Geologische Lehrpfad Kirnberg.

Will man nach Bebenhausen zurück, so folgt man zunächst dem mit rotem Balken gekennzeichneten Weg nach Norden, bleibt aber kurz darauf links unten am Waldrand, anstatt dem Weg nach oben weiter zu folgen. Bald trifft man auf den querenden Pfad, den man noch vom Beginn her kennt, und geht auf ihm nach links hinab.

- **Länge:**
  9 Kilometer.

- **Zeit:**
  3 Stunden.

- **Höhenunterschied:**
  140 Meter.

- **Grill-/Spielplätze:**
  Bärlochhütte, Mauterswiese.

- **Sonstiges:**
  Die Wanderung verläuft auf befestigten Forstwegen.

- **Verkehrsmittel:**
  Busverbindungen von Tübingen, Böblingen, Stuttgart und Leinfelden-Echterdingen nach Bebenhausen.

- **Einkehrmöglichkeiten:**
  Bebenhausen.

# Ein Geheimtipp: Blütentour nach Gültstein

*Herrenberg – Waldfriedhof – Grafenberg – Mönchberg – Gültstein – Herrenberg*

**Es gibt in Baden-Württemberg einige Gegenden, die im Frühjahr mit einer überreichen Baumblüte herrlich malerische Landschaftseindrücke bieten. Als echter Geheimtipp ist da der südliche Schönbuchrand bei Herrenberg zu nennen. Aber auch zu anderen Jahreszeiten ist diese Wanderung ein Genuss, bietet sie doch prächtige Aussichtspunkte, einen interessanten Lehrpfad und ein heimeliges Dörflein: Mönchberg.**

- **Ausgangspunkt:**
  Herrenberg.

- **Wegverlauf:**
  Egal ob wir mit dem Auto, dem Zug, der S-Bahn oder der Ammertalbahn anreisen, wir spazieren auf jeden Fall zuerst in die historische Altstadt. Das Besucherleitsystem Innenstadt zeigt uns vom Bahnhof, vom Parkhaus Mariengarage oder vom gebührenfreien Parkplatz bei der Stadthalle den Weg zum Marktplatz. Über den Marktplatz steigen wir hoch zur Stiftskirche, der »Glucke im Gäu«. Hier vertrauen wir uns dem Wanderzeichen gelbblaue Raute an. Gleich hinter der Kirche finden wir das erste Schild des Herrenberger Lehrpfades, auf dem die Geologie der Umgebung Herrenbergs behandelt wird. Weitere interessante Schilder werden im Verlauf der Tour folgen. Auf Staffeln geht es entlang der Stadtmauer hoch zum Aussichtsturm auf dem *Schlossberg*.

Vom hoch über der Stadt gelegenen **Schlossberg** (522 m) hat man eine herrliche Aussicht. Der Blick reicht über Herrenberg und das

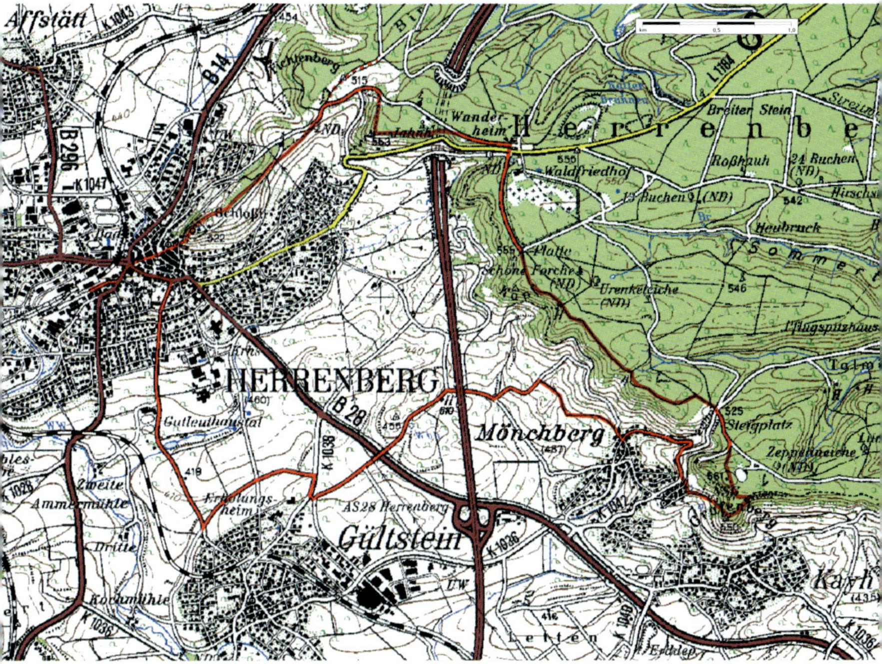


Gäu hinweg bis zum Schwarzwald und zur Schwäbischen Alb. Auf den Fundamenten des ehemaligen Pulverturms wurde 1957 ein Aussichtsturm errichtet, darunter befindet sich noch das rundgemauerte Verlies. Hier stand das im 13. Jahrhundert erbaute Schloss des Pfalzgrafen Rudolf II. von Tübingen. Es wurde 1807 bis auf einen Rest der Schildmauer abgebrochen.

Vom Schlossberg wandern wir weiter am »Kanonenbuckel« vorbei (dem blau-gelben Wanderzeichen folgend) und erreichen nach etwa 800 Metern das Naturdenkmal »Schilfsandstein«. Dabei bleiben wir auf dem asphaltierten Weg, anschließend halten wir uns rechts und kommen zum so genannten *Roten Meer;* nun befinden wir uns auch wieder auf dem blau-gelb gekennzeichneten Wanderweg.

Der Name **Rotes Meer** kommt von einer künstlichen Wassergrube, in welcher der eingeschwemmte feine rote Sand der anstehenden Gesteinsschicht das Wasser rot färbte. Die **Dicke Eiche** ist die dickste und mit über 350 Jahren auch älteste Eiche der Markung Herrenberg.

*Wandern am Schönbuchtrauf ist im Frühjahr ein besonderer Genuss.*

Nach dem *Roten Meer* mit der *Dicken Eiche* kommen wir zu einer Kieferngruppe, hier können wir nach links einen Abstecher (Richtung »Nufringen«) machen bis zu einem Schilfsandsteinbruch, der ebenfalls zum Lehrpfad gehört.

Anschließend gehen wir zurück zu unserem ursprünglichen Weg und folgen ihm weiter, am »*Kapf*« vorbei nach links aufwärts. Gleich nach einem kleinen Bunter-Mergel-Aufschluss zweigt der markierte Wanderweg nach rechts ab. Auf einem Pfad geht es nun weiter hoch. Unterwegs kommen wir zu einigen Aussichtspunkten, auf einem befinden wir uns genau über der Tunnelausfahrt der Autobahn. Nach einiger Zeit sehen wir links die *Jahnhütte*. Wir erreichen wieder den befestigten Forstweg und spazieren nach rechts bis zum *Steighäusle*, einem pittoresken alten Waldarbeiterhäuslein. Dahinter erreichen wir das *Naturfreundehaus*. Wir gehen hier nach rechts über die Straße und auf die rechte Seite des *Waldfriedhofs*.

Rechts von ihm geht der mit rotem Strich markierte Wanderweg (»HW 5 Schwarzwald-Schwäb. Alb-Allgäu-Weg«) in Richtung »Hohenentringen« ab. Ihm folgen wir in leichtem Auf und Ab bis zum *Mönchberger Sattel*.

Am **Mönchberger Sattel** sieht man einen interessanten, etwa zehn Meter mächtigen geologischen Bunter-Mergel-Aufschluss aus roten und grünen Tonmergeln. Er ist seit 1982 als Naturdenkmal ausgewiesen.

Dahinter weist uns das Zeichen weiter in Richtung »Grafenberg«. Der Weg zieht nach rechts bis zum Aussichtspunkt auf dem *Grafenberg*, hoch über Kayh.

Der **Grafenberg** (550 m) ist ein weit ins Ammertal vorspringender markanter Bergsporn mit herrlicher Aussicht auf den Schönbuchtrauf, die Südwestalb, den Nordschwarzwald, ins Ammertal, zum Rammert, der mit der Weilerburg ausläuft, und zur Wurmlinger Kapelle. Wegen seiner seltenen Steppenheideflora steht der Berg seit 1969 unter Naturschutz.

Nach der Bank gehen wir noch kurz weiter am Trauf, bis nach rechts ein unscheinbares Schild (»Fußweg nach Kayh«) auf einen schmalen Pfad verweist. Auf Stufen steigen wir hinab bis zu einem querenden Weg in den Baumwiesen, dem wir nach rechts folgen. Bald sehen wir auch schon *Mönchberg* mit seiner markanten Kirche vor uns.

**Mönchberg** (Höhe: 420–500 m)

Der um 1150 erbaute romanische Chorturm der **Kirche** ist heute frei stehend in der Art eines italienischen Campanile und wurde etwa 1648 mit einem Fachwerkaufsatz versehen; er allein blieb noch von einer großen Hirsauer Klosteranlage übrig. Im Turm gibt es Reste von Malereien (von 1532). Sehenswert in Mönchberg sind auch einige **Fachwerkhäuser,** darunter das **Rathaus** von 1824 in Untermönchberg.

An der nächsten Kreuzung halten wir uns geradeaus und gehen den kurzen steilen Weg hinauf nach Mönchberg. Danach orientieren wir uns links und dann sofort wieder rechts, an der Kirche vorbei, die Bergstraße hinunter und nach links in die Brunnenstraße.

Wir folgen dem Radwegzeichen in Richtung Herrenberg. Nach etwa 1,5 Kilometern unterqueren wir die Autobahn und halten uns danach sofort links. Über die Brücke gehen wir weiter geradeaus in Richtung Gültstein. Vor der Ortseinfahrt Gültstein überqueren wir die Straße und orientieren uns rechts, am Ende des Zaunes biegen wir nach links ab.

Nach etwa 500 Metern kommen wir an eine Feldwegkreuzung, hier gehen wir geradeaus weiter, entlang am Ortsrand von Gültstein. Wiederum 500 Meter weiter, an der nächsten Kreuzung, halten wir uns rechts (Radweg nach Herrenberg). Nach dem Weiher erreichen wir den Tennisplatz, danach bietet sich uns die Möglichkeit, nach links zur Ammertalbahn (Haltestelle »Zwerch-

*Ein Meer von blühenden Obstbäumen am südlichen Schönbuchhang*

weg«) abzubiegen, oder wir wandern geradeaus weiter, bis wir wieder in Herrenberg sind. An der Fußgängerampel überqueren wir die Straße und erreichen wieder die Altstadt. Das gelbe Besucherleitsystem zeigt uns dann den Weg zum Bahnhof.

- **Länge:**
  14 Kilometer.

- **Zeit:**
  3 bis 4 Stunden.

- **Höhenunterschied:**
  200 Meter.

- **Grill-/Spielplatz:**
  Jahnhütte.

- **Sonstiges:**
  Die Wanderung verläuft auf Naturpfaden und befestigten Feld- und Forstwegen.

- **Verkehrsmittel:**
  S-Bahn oder Ammertalbahn, Busse.

- **Einkehrmöglichkeiten:**
  Herrenberg, Schlossberg, Jahnhütte, Naturfreundehaus am Waldfriedhof, Vereinsheime am Mönchberger Sattel, Mönchberg.

# Vom Schönbuchtrauf durchs Sommertal zur Neuen Brücke

## *Herrenberger Waldfriedhof – Mönchberger Sattel – Kayher Sattel – Neue Brücke – Waldfriedhof*

**Der Schönbuch bildet bei Herrenberg einen schönen, steilen, rund 150 Meter hohen Trauf. Hier hat man von den Aussichtspunkten am Weg wunderbare Blicke ins davor liegende Gäu, zur Wurmlinger Kapelle und bis zur Schwäbischen Alb mit der davor liegenden Burg Hohenzollern und zum Schwarzwald. Nachdem wir die Aussicht genossen haben, folgt ein wunderschöner Waldspaziergang durch den Schönbuch.**

**Ausgangspunkt:**

Parkplatz Herrenberger Waldfriedhof. Falls Sie nicht mit dem Auto anreisen und die öffentlichen Verkehrsmittel (S-Bahn, Ammertalbahn, City-Bus) nutzen, gelangen Sie mit der City-Buslinie 782 bequem zum Waldfriedhof. Den Fahrplan finden Sie im Internet unter www.herrenberg.de/deutsch/de000202.html

**Wegverlauf:**

Wir folgen dem mit rotem Balken gekennzeichneten Pfad, der rechts am *Friedhof* vorbeiführt. Durch schönen Wald, ab und zu mit Aussichtspunkten, erreichen wir den *Mönchberger Sattel* (siehe Seite 57). Auf der anderen Seite des Parkplatzes geht unser Weg weiter. Immer dem Zeichen folgend – bald zieht der Weg nach rechts – kommen wir zu der »Bergnase« des *Grafenbergs* (siehe Seite 57). Hier haben wir eine herrliche Aussicht auf das unter uns liegende Kayh (siehe Seite 115), das mit den roten Dächern und der Kirche einen traulichen Anblick bietet. Der Pfad bringt uns anschließend zum *Kayher Sattel*.

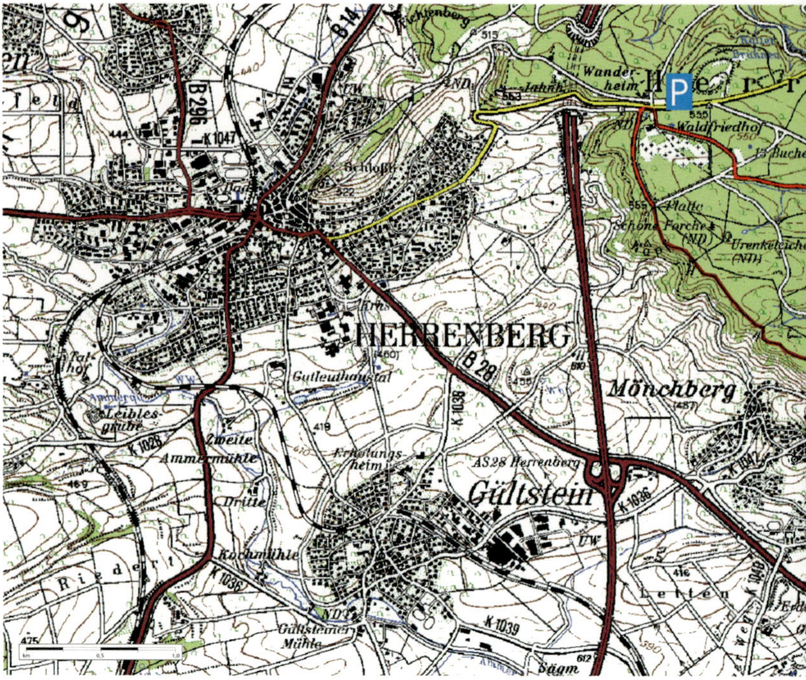


Hier biegen wir, dem roten Balken folgend, nach links in den *Jägergartenweg* ein. Er bringt uns zur *Schnepfeneiche*.

Wir gehen hier rechts in Richtung Burgruine Müneck. Wer will, kann noch einen kleinen Abstecher zur Ruine selbst machen und dort ein letztes Mal die Aussicht genießen.

Die **Ruine Müneck** (543 m), einst Sitz von Dienstmannen der Pfalzgrafen von Tübingen, liegt auf einem Vorsprung aus Stubensandstein am südlichen Schönbuchrand. Die Herren von Müneck sind 1270 bis 1390 urkundlich belegt. Als letzter ist um 1352 Heinrich von Muineck erwähnt. Wann die Burg zerstört wurde, ist unbekannt. Außer freigelegten Grundmauern mit nicht eindeutig erkennbarem Grundriss, dem mächtigen Wall und dem Graben ist nichts mehr erhalten.

An der nächsten großen Wegkreuzung lenken wir unsere Schritte nach links in die Dachsbausteige, den Berg hinunter Richtung Neue Brücke und Goldersbachtal. An den nächsten zwei Weggabelungen nehmen wir jeweils die linke Abzweigung, bis wir auf einer schönen

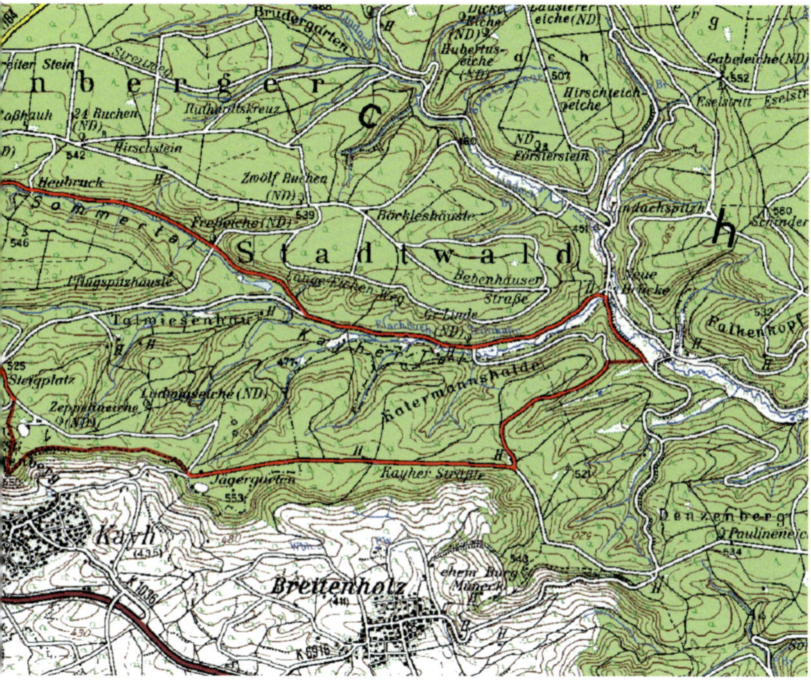


Kastanienbaumallee zur *Neuen Brücke* kommen. Hier halten wir uns links und biegen ins *Kayher Tal* ein.

Das **Goldersbachtal** teilt sich an der Teufelsbrücke in das Große und das Kleine Goldersbachtal und gehört mit seinen Auen sicherlich zu den schönsten Tälern des Schönbuchs. Umgeben ist es von urwaldartigem Schonwald; hier wachsen prächtige alte Bäume, darunter auch Kastanien. Heute wird versucht, durch gezielte Pflegemaßnahmen (zum Beispiel keine Düngung, jährliche späte Mahd mit Entfernung des Schnittguts) wieder feuchte Streuwiesen mit Orchideenstandorten zurückzugewinnen. Im Frühjahr findet man beispielsweise Knabenkräuter, Trollblumen oder Sumpfdotterblumen. Hier haben auch der Gelbe Eisenhut und die Kugelige Teufelskralle ihr Hauptverbreitungsgebiet. Im Tal sind insgesamt rund 390 Pflanzen und über neunzig Moosarten zu finden, nicht wenige davon stehen in der »Roten Liste« der aussterbenden Arten. Der Goldersbach mündet bei Lustnau in die Ammer.

Hier verlassen wir kurz den mit blauem Punkt gekennzeichneten Weg

*Kayh liegt im Frühjahr inmitten eines Blütenmeeres.*

und folgen dem Wanderzeichen mit dem blauen Strich. Nun können wir uns nicht mehr verirren. An einer Verzweigung halten wir uns rechts und spazieren wieder mit dem Zeichen blauer Punkt, vorbei am *Sommertalweiher* und der *Fresseiche* in Richtung Waldfriedhof.

Den Namen der **Fresseiche** erklärt das folgende Gedicht, das die Enkel der damals Beteiligten auf einer Tafel am Baum anbringen ließen:
*Es war vor über 100 Jahr,*
*als ich noch eine junge Dame war,*
*besuchten mich 2 Jägersmann*
*sie stellten ihre Rucksäck an.*
*Darinnen lag ein Rehbock schwer,*
*drei Tage war man hinterher.*
*Beim Lagerfeuer unbeschwert*
*der ganze Bock ward aufgezehrt,*
*tief schliefen ein die Jägerbäuche*
*gefüllet mit der Wildbret Leiche.*
*Dies und noch mehr ward*
*stadtbekannt.*
*Fress-Eiche werd ich drum benannt.*

*Zur Erinnerung an ihre Großväter*
*Baron Stengle und I. G. Reichardt*
*mit ihrem Zieglers Frieder.*
*Gang na on guck!*

Kurz vor dem *Friedhof* stoßen wir auf eine Art Verkehrsinsel, hier halten wir uns rechts, überqueren einen Weg, lassen das *Damwildgehege* rechts liegen und kommen zurück zum Ausgangspunkt.

Wer mit dem Auto hier ist, für den bietet sich eine Einkehr im Naturfreundehaus an; diejenigen, die zum Bahnhof in Herrenberg müssen, haben zwei Möglichkeiten. Wer müde ist, fährt mit dem City-Bus zurück; es gibt aber auch einen schönen Weg, der über das *Rote Meer* und den Schlossberg mit seiner Ruine und dem Aussichtspunkt zurück nach Herrenberg führt.

Hierzu überqueren wir die Straße und biegen vor dem *Naturfreundehaus* nach links ab. Es geht nun, vorbei an der *Jahnhütte* mit großem Spiel- und Rastplatz, bergab bis zum *Roten Meer* mit der *Dicken Eiche* (siehe Seite 55). Wer den breiten Weg meiden möchte, geht einige Minuten nach dem Naturfreundehaus mit dem Wanderzeichen nach links ab und kommt zu einem Aussichtspunkt mit Bank. Der Pfad knickt nach rechts ab und trifft etwas später wieder auf den breiten Weg.

Danach wandern wir nach links zum *Schlossberg* (siehe Seite 54), wo uns eine Ruine und ein prächtiger Blick auf Herrenberg und das Gäu erwartet. Nun steigen wir hinab zur Stiftskirche, in die man einen Blick werfen sollte; auch das Glockenmuseum ist einen Besuch wert. Anschließend gehen wir hinab zum *Marktplatz*, spazieren an seinem anderen Ende durch die Bronngasse und folgen dem gelben Besucherleitsystem zur Unterführung, wo auf die S-Bahn verwiesen wird. Auf der anderen Straßenseite sind es nur noch wenige Meter bis zum *Bahnhof*.

**Länge:**

15 Kilometer, geht man am Schluss zu Fuß nach Herrenberg, sind es etwa 3 Kilometer mehr.

**Zeit:**

4 Stunden, geht man am Schluss zu Fuß nach Herrenberg, dauert die Tour etwa 45 Minuten länger.

**Höhenunterschied:**

200 Meter.

**Grill-/Spielplätze:**

Schnepfenhütte, Neue Brücke.

**Sonstiges:**

Die Wanderung verläuft auf Naturpfaden und befestigten Feld- und Forstwegen. Öffnungszeiten des Glockenmuseums: April bis Oktober Mi. 14.30–17 Uhr, Sa. 14.30–18.30 Uhr, So. 11.30–17 Uhr, November bis März Mi. 14.30–16 Uhr, Sa. 17–18.30 Uhr, So. 14.30–16 Uhr.

**Verkehrsmittel:**

S-Bahn oder Ammertalbahn bis Herrenberg, zum Friedhof fährt der City-Bus.

**Einkehrmöglichkeiten:**

Herrenberg, Naturfreundehaus am Waldfriedhof.

# Spielplatz und Wildgehege

*Parkplatz Saurucken – Spielplatz – Erlenweiher – Schönbuchspitz – Parkplatz Saurucken*

**Wer sagt denn, dass man Kinder nicht zu einem Waldspaziergang bewegen kann? Wer sie einmal mit zum Saurucken genommen hat, wird dies immer wieder tun (müssen). Die recht kurze, trotzdem aber interessante Wanderung führt rund um den aussichtsreichen Schönbuchspitz und den Pfaffenberg oberhalb Entringens. Und da man auch den herrlichen Spielplatz Saurucken mit den großen Wildgehegen berührt, ist dieser Ausflug für Kinder besonders geeignet! Besonders aufregend ist es natürlich, wenn die Tiere, insbesondere die Wildschweine, Junge bekommen haben!**

*Der Spielplatz am Saurucken*

**Ausgangspunkt:**
Parkplatz Saurucken, oberhalb Entringens (im Ort der Beschilderung zum »Wildgehege« folgen). Wer von *Entringen* aus hinauf wandern möchte, nimmt den bei Wanderung Nr. 14 beschriebenen Aufstiegsweg und wendet sich nach

*Am Gehege Saurucken lassen sich Wildschweine beobachten.*

der Burg mit dem Wanderzeichen roter Strich nach links bis zum Parkplatz Saurucken.

**Wegverlauf:**

Vom Parkplatz aus nehmen wir den Weg, der direkt in den Wald hineinführt. An der Verzweigung im Wald bald darauf bleiben wir rechts und erreichen nach kurzem Abwärtsmarsch den *Spielplatz Saurucken,* wo die Wildgehege für Abwechslung sorgen.

Am **Saurucken** befinden sich ein Spielplatz und ein Wildgehege mit Mufflons, Rot- und Schwarzwild; beide Anlagen gehören zu den schönsten und größten im Schönbuch.

Hier biegen wir nach links ab. Wir gehen am *Erlenweiher* vorbei und treffen auf einen Forstweg, dem wir in derselben Richtung folgen; kurz darauf, an der Gabelung, nehmen wir den nach links aufwärts führenden Weg. Es geht nun einige Zeit nach oben, bis wir am Trauf auf einen Querweg stoßen. Jetzt biegen wir nach links ab (Wanderzeichen roter Strich nach »Hohenentringen«). Diesem Zeichen folgen wir, bis wir wieder beim Ausgangspunkt

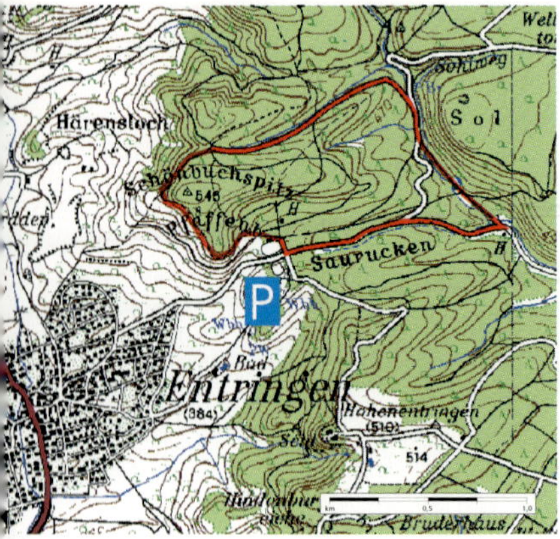


angekommen sind. Unterwegs bieten sich immer wieder prächtige Blicke ins Land. Gerade am *Schönbuchspitz* hat man eine besonders schöne Sicht.

Der **Schönbuchspitz** (545 m) ist eine hervorragende Bergspitze mit schöner Aussicht zur Uracher Alb, zum Roßberg, zum Hohenzollern, zur Südwestalb sowie ins Gäu und in den Schwarzwald. Unterhalb der Bergspitze wird Weinbau betrieben.

Wer ab Entringen gewandert ist, kann über Hohenentringen wieder zurückgehen oder, was natürlich schneller ist, einfach den Fahrweg nehmen.

- **Länge:**
  4 Kilometer.
- **Zeit:**
  1 Stunde.
- **Höhenunterschied:**
  130 Meter.
- **Grill-/Spielplatz:**
  Saurucken.
- **Sonstiges:**
  Die Wanderung verläuft auf Naturpfaden und befestigten Feld- und Forstwegen.
- **Verkehrsmittel:**
  Ammertalbahn, dann muss man allerdings von Entringen zum Parkplatz hochwandern.
- **Einkehrmöglichkeiten:**
  Sportgaststätte am Parkplatz, Entringen.

# Von Entringen ins Arenbachtal

*Entringen – Hohenentringen – Arenbachtal – Hagelloch – Unterjesingen*

**Wir wandern bei dieser Tour aus dem Ammertal hoch zur alten »Mostburg« Hohenentringen, danach ins idyllische Arenbachtal und weiter ins Goldersbachtal. Über Hagelloch geht es zur Bahnstation in Unterjesingen.**

- **Ausgangspunkt:**
  Entringen

- **Wegverlauf:**
  Wir gehen in *Entringen* von der *Bahnstation* aus auf der Bahnhofstraße erst zur *B 28,* dann zur Kirche.

**Entringen** (Höhe: 360–545 m)

Die gotische **Kirche Sankt Michael** wurde 1452 erbaut. Vom 1275 erstmals erwähnten romanischen Vorgängerbau – ein noch älterer Bau wurde wohl bereits im 8. Jahrhundert errichtet – blieben nur noch wenige Mauerreste erhalten. Chor und Turm enthalten aber noch romanische Teile. Der mächtige Wehrturm besitzt dicke Mauern und Schießscharten. Das **Pfarrhaus** ist mit dem Gebäude Kirchgasse 9 durch ein rundbogiges Hoftor aus dem 17. Jahrhundert verbunden, ebenso mit der **Zehntscheuer,** die eine gotische Spitzbogentür (um 1400) besitzt.

Nun folgen wir, vorerst auf der Kirchstraße, dem Wanderzeichen blauer Strich hoch zur *Burg Hohenentringen*. Das Wanderzeichen ist zwar nur selten zu sehen, wir gehen aber im Wesentlichen immer geradeaus hinauf, am Ortsende durch den Spielplatz hindurch. Bald sind wir oben bei der Burg.

Die **Burg Hohenentringen** (510 m) wurde 1293/95 erstmals urkundlich erwähnt, stammt aber ursprünglich wohl aus dem 11. Jahrhundert. Als erster Besitzer wird um 1075 Adelbert von Antrin-

gen genannt. Später gehörte die Burg unter anderem den Pfalzgrafen von Tübingen. Im 15. Jahrhundert war Hohenentringen eine Ganerbenburg, das heißt eine von mehreren Familien in Erbengemeinschaft bewohnte Burg. Bekannt ist die Geschichte, nach der im Jahr 1417 fünf Ritter mit ihren Familien »freundlich und friedlich beieinander« in der Burg lebten. Sie hatten zusammen hundert Kinder. »Wenn diese Familien zusammen in die, eine Viertelstunde entfernte Dorfkirche zogen, so bildeten sie eine Reihe, deren Anführer die Kirche betrat, wenn der letzte noch bei der Burg war.« So ist es auch auf einem Bild in der Gaststube festgehalten. Der heutige mächtige und einfache Bau wurde 1720 errichtet. Das Hauptgebäude ist ein dreigeschossiger Steinbau mit großem Walmdach und halbrundem Treppen-

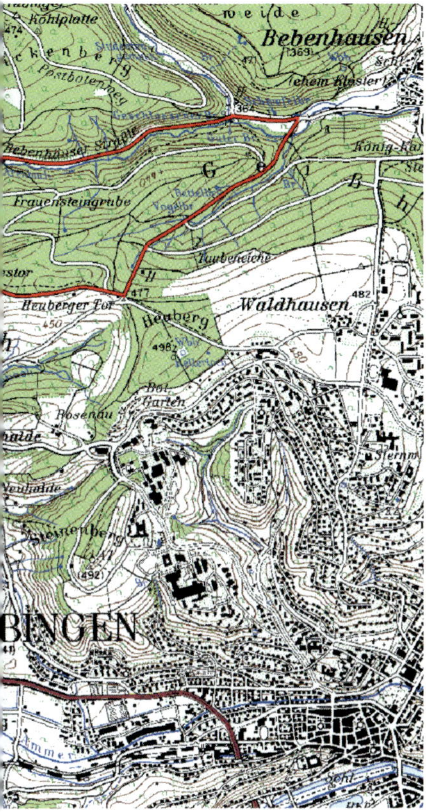


türmchen. Die Burg ist bewirtschaftet; schon Generationen von Studenten (und Professoren) holten sich bei Ausflügen in die »Mostburg« ihre Räusche.

Danach spazieren wir auf dem Sträßchen über die Freifläche bis zum Waldrand, hier biegen wir nach links in den *Winterhaldenweg* ein. In weiten Bogen bringt er uns hinab ins *Arenbachtal* (siehe Seite 50), wo wir uns rechts halten. Wir kommen bald zu der Hütte und dem Rastplatz *Beckles Gartenhütte,* danach zum *Geschlossenen Brunnen* (siehe Seite 48). Geradeaus weitermarschierend erreichen wir bald einen kleinen Weiher, in dem man zur entsprechenden Jahreszeit herrliche Wasserschwertlilien und Seerosenbestände findet. Auch quakende Frösche gibt es zu Genüge. Kurz darauf knickt nach rechts ein Weg nach »Hagelloch« ab, markiert mit dem roten Punkt. Wer möchte, kann aber auch einfach dem Weg geradeaus folgen und einen kleinen Abstecher nach Bebenhausen machen.

Ansonsten steigt es an bis zum *Parkplatz Heuberger Tor.* Hier biegen wir nach rechts ab und wandern am Waldrand entlang (der Aussicht wegen benützen wir nicht den rechts im Wald verlaufenden Wanderweg) bis zum *Parkplatz Bogentor.* Nun überqueren wir das nach Hohenentringen führende Sträßchen und wandern geradeaus weiter. Es geht entlang der Häuser, schließlich bergab, bis wir nach links in eine Anliegerstraße einschwenken. Wir gehen nach rechts noch etwas abwärts und halten uns an der Querstraße rechts. Nun treffen wir wieder auf den mit rotem Punkt markierten Weg, der uns sehr steil hinab ins *Himbachtal* bringt. Unten biegen wir nach links ab. Kurz darauf sehen wir links eine Reihe kleinerer Mammutbäume.

Der auch Wellingtonie genannte amerikanische **Gebirgsmammut-**

*Die Burg Hohenentringen ist ein beliebtes Ausflugsziel am Schönbuchrand.*

**baum** wurde erst 1850 in der Sierra Nevada (Kalifornien) entdeckt. Der Engländer Lobb fand dort einen Bestand von 90 Bäumen des bis dahin unbekannten, zur Familie der Sumpfzypressen gehörenden Nadelbaumes. Die riesige Baumart erregte ein derartiges Aufsehen, dass sie von den Engländern nach ihrem Nationalheiligen »Wellingtonia«, von den Amerikanern »Washingtonia« benannt wurde. Die ersten Bäume kamen 1853 nach Europa, in Württemberg ließ König Wilhelm I. (»der König unter den Landwirten und der Landwirt unter den Königen«) Samen in den Kalthäusern der Wilhelma aussäen. Die Topfpflänzchen wurden im Jahre 1865 an die Staatswaldungen im Land verteilt, um zu erproben, ob dieser Baum, der schnell wächst und große Holzmengen liefert, auch in unseren Wäldern heimisch wird. Allerdings sind in dem kalten Winter 1879/80 die meisten der Bäumchen erfroren und auch der Sturm Lothar am 26. Dezember 1999 hat den Bestand dezimiert. Die verbliebenen sind nun vierzig bis fünfzig Meter hoch und damit höher als die heimischen Baumarten.

An einer Verzweigung halten wir uns rechts und treffen bald auf die Bundesstraße. Etwas nach links versetzt gehen wir auf der anderen Seite der B 28 bis zu einem querenden (Rad-)Weg, nach rechts bringt er uns nach *Unterjesingen* (siehe Seite 72) und direkt zum Haltepunkt »Unterjesingen Mitte« der Ammertalbahn.

*Die Unterjesinger Barbarakirche*

- **Länge:**
  16 Kilometer.

- **Zeit:**
  4 bis 5 Stunden.

- **Höhenunterschied:**
  250 Meter.

- **Grill-/Spielplätze:**
  Becklesgartenhütte, Geschlossener Brunnen.

- **Sonstiges:**
  Die Wanderung verläuft auf Naturpfaden und befestigten Feld- und Forstwegen.

- **Verkehrsmittel:**
  Ammertalbahn.

- **Einkehrmöglichkeiten:**
  Entringen, Hohenentringen.

# Rund um den Spitzberg

## *Unterjesingen – Wurmlinger Kapelle – Spitzberg – Schwärzloch – Tübingen*

**Diese Wanderung beginnt im lieblichen Ammertal und bringt uns hinauf zur berühmten, viel besungenen Wurmlinger Kapelle. Danach wandern wir entlang der Südseite des Spitzbergs, des wohl am besten erforschten Bergzuges in ganz Süddeutschland, und steigen hinunter zum Schwärzlocher Hof, einer beliebten Ausflugsgaststätte. Anschließend geht es im Tal weiter zum Tübinger Westbahnhof.**

- **Ausgangspunkt:** Unterjesingen.

- **Wegverlauf:** Wir beginnen die Wanderung in Unterjesingen.

**Unterjesingen** (Höhe: 337–509 m)

Die spätgotische **Pfarrkirche Sankt Barbara** war seit etwa 1100 im Besitz des Klosters Blaubeuren, das auch Grundbesitz im Ort hatte, und wurde von ihm 1404 an Württemberg verkauft. Der heutige Kirchenbau entstand zwischen 1470 und 1494. Die Ummauerung ist wohl ein Rest der früheren Wehranlage. Das **Rathaus** stammt von 1750 und besitzt drei Rundbogentore; die Schlusssteine der Tore sind mit Wappen, die Fassade mit einem Fugennetz verziert.

Im Ort sieht man noch stattliche **Fachwerkhäuser** mit Rundbogeneinfahrten und Höfen, vor allem entlang der Hauptstraße. Hinter der Kirche findet man die eindrucksvolle, 1784 erbaute **Rosecker Kelter.** Heute ist darin das sehenswerte **Isinger Dorfmuseum** untergebracht, das insbesondere über die Geschichte, die Bedeutung und die Technik des Weinbaus informiert, dem in Unterjesingen früher große Bedeutung zukam. Auskunft: Tel. (0 70 73) 75 50. Öffnungszeiten: Mai bis November jeweils am ersten Sonntag im Monat 14–18 Uhr.

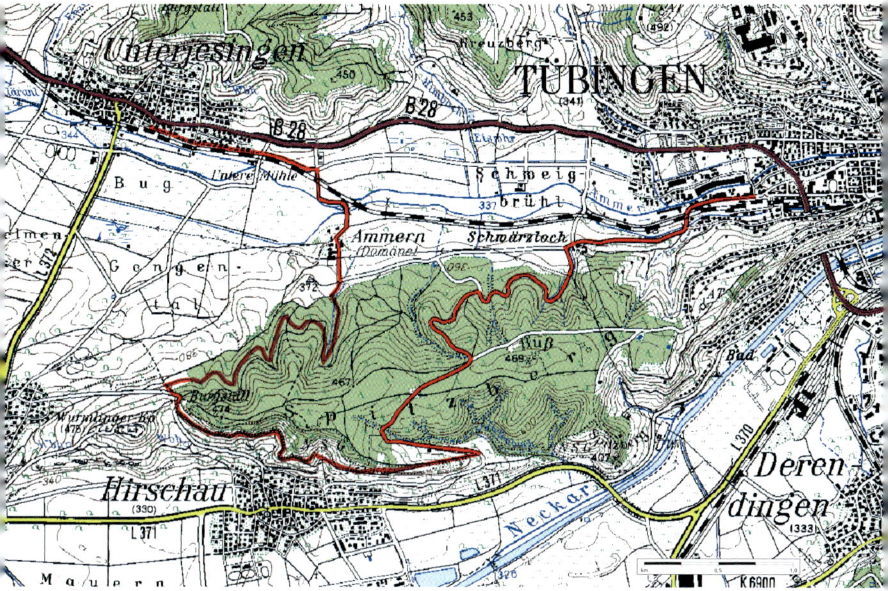


Wir gehen von der Haltestelle Unterjesingen Mitte aus kurz nach Westen zu der nach Wurmlingen führenden Straße und biegen hier nach links ab. Gleich nach der Ammer (siehe Seite 100) nehmen wir den Radweg nach links in Richtung »Tübingen«. Er knickt bald nach links ab zur *Unteren Mühle,* nach der Bahnlinie geht es nach rechts weiter. Das nächste nach rechts abgehende Sträßchen bringt uns zur Domäne *Ammern*.

Der **Ammerhof** gehörte seit 1171 zum Kloster Obermarchtal, von dort kamen auch die mittelalterlichen Siedler, die das Anwesen in einen Eigenbetrieb des Klosters umwandelten. Zu Reformationszeiten war der Ammerhof eine Zufluchtsstätte der Tübinger Katholiken. Heute ist das Anwesen eine herzoglich-württembergische Domäne. Ein barockes Kleinod ist die vermutlich von Tiberius Moosbrugger geplante, 1736 errichtete und 1807 profanierte **Ammerhofkapelle** von Johann Casper Bagnato, dem Baumeister des Deutschen Ordens.

Wir durchqueren die Anlage und gehen weiter bis zum Waldrand. Hier knickt der Weg nach links in Richtung Schwärzloch ab, wir spazieren aber geradeaus in den Wald hinein. Es steigt nun entlang eines Bacheinschnittes an. Weiter oben treffen wir auf einen Querweg, hier orientieren wir uns rechts. In vielen

In der Unterjesinger Kelter ist das sehenswerte »Isinger Dorfmuseum« untergebracht.

tion, die deutsche Republik ausgerufen haben. Die Kapelle ist »gedichtumrankt«; am bekanntesten ist wohl der Vers von Nikolaus Lenau: *»Luftig wie ein leichter Kahn, / auf des Hügels grüner Welle, / schwebt sie lächelnd himmelan, / dort die friedliche Kapelle«.*

Windungen bringt uns der Weg schließlich aus dem Wald hinaus und zu einer Wegkreuzung unterhalb der *Wurmlinger Kapelle*. Hier sollten wir zu dem viel besungenen Bauwerk aufsteigen, kehren aber anschließend wieder an diese Stelle zurück.

Die **Wurmlinger Kapelle** (475 m), eines der Wahrzeichen der Gegend, abgebildet in unzähligen Kalendern und Büchern, war früher ein wichtiges Wallfahrtsziel. Die ältesten Mauerreste stammen aus der Karolingerzeit. 1644 wurde der Bau dann durch ein Feuer zerstört, dreißig Jahre später aber wieder aufgebaut. Von der Kapelle aus hat man eine beeindruckende Aussicht auf Schönbuch, Rammert, Alb und Schwarzwald. Hier oben sollen Hölderlin, Schelling und Hegel, angeregt von der französischen Revolu-

Nun wenden wir uns, von der Kapelle aus gesehen, mit dem Wanderzeichen roter Strich nach rechts (Schild »Weinlehrpfad«). Gleich nach dem Gehölz nehmen wir den nach links abgehenden Weg. Er führt uns in vielen Windungen durch die ehemaligen Weinberge, von denen wir noch die Mäuerchen sehen. Herrliche Blicke haben wir auch zur Wurmlinger Kapelle und ins Neckartal mit Hirschau im Vordergrund bzw. zur Bergkette der Schwäbischen Alb.

Es geht anfangs immer etwas abwärts, anschließend auf schlechter werdendem Weg leicht aufwärts. Schließlich führt der Weg nach links, auf die andere Seite des Bergrückens. Hier befinden wir uns über einem kleinen Tälchen mit einer Scheune – die Landschaft erinnert ein wenig an einsame Gegenden im Schwarzwald oder in den

Alpen. Wir gehen noch etwas in unserer ursprünglichen Richtung weiter bis zum *Spielplatz Holzacker,* wo wir auf ein Sträßchen stoßen. Es bringt uns nach links, vorbei an der Scheune, und in den Wald. Nach dem Rastplatz am Waldrand knickt der Weg nach rechts ab und zieht hinauf auf den Rücken des *Spitzbergs*.

Seinen Namen hat der **Spitzberg** (407 m) von einer nach Süden vorspringenden Bergnase. 500 Hektar stehen hier seit 1967 unter Naturschutz. Er wird auch als der »originellste Keuperzug ganz Schwabens« bezeichnet und durch die Nähe zur Universität Tübingen ist er wohl der am besten erforschte Berg Baden-Württembergs. Hier wächst wie auch am Grafenberg (siehe Seite 57) die Ungarische Platterbse. Auch der aus dem Mittelmeerraum stammende Blaue Lattich ist hier zu finden, außerdem an den alten Sandsteinmauern der ehemaligen Weinberge das ebenfalls vom Mittelmeer stammende Zymbelkraut, der Gelbe Günsel, die behaarte Fahnenwicke oder die Weinraute. Der Vielfalt der Flora entspricht auch die der Fauna – man findet eine große Zahl von Tieren, vor allem Insekten, auch seltene und geschützte, auf engstem Raum. Im »Spitzbergbuch« von 1966 wurden beispielsweise achtzig Brutvögel gezählt. Käfer gibt es 1300 Arten, Spinnenarten 305 und Schmetterlinge 410! Besonderheiten der Fauna sind zum Beispiel eine seltene, gehörnte Mistkäferart oder ein seltener Blattkäfer. An Pflanzenarten wurden 330 gezählt, davon allein sechs verschiedene Orchideen.

Wir überqueren einen Forstweg, etwas später stoßen wir auf den mit rotem Strich markierten Weg, der von der Wurmlinger Kapelle nach Tübingen zieht. Hier nehmen wir den nach links hinabführenden Waldweg. Er beschreibt bald eine Rechtskurve, wir ignorieren einen nach links abgehenden Weg und kommen kurz darauf aus dem Wald und zum *Schwärzlocher Hof.*

Der **Schwärzlocher Hof,** bis 1477 Gutshof des Klosters Blaubeuren, ist vor allem als »Mostburg«, als idyllisch gelegenes und traditionsreiches Ausflugslokal bekannt. Die 1085 erwähnte ehemalige **Sankt-Nikolaus-Kirche** wurde 1200 als Saalkirche mit quadratischem Chor errichtet. Von ihr blieben nur wenige Reste erhalten, unter anderem der Rundbogenfries oder die spätromanische Kapelle. Außen an der Südwand unterhalb des Dachansatzes sieht man noch romanische Bauplastik, zum Teil mit Symbolen, Monstern und Fabeltieren sowie pflanzlichen Darstellungen. Im ehemaligen Kirchenschiff befindet sich heute die Gastwirtschaft.

Nun kann eingekehrt werden, an schönen Sommertagen locken insbesondere die Sitzplätze unter den Linden im Garten. Anschließend

*Wie eine Krone sitzt die Wurmlinger Kapelle auf der Spitze des Berges.*

nehmen wir das unterhalb des Hofes nach rechts führende Sträßchen, das uns bis zu den ersten Häusern von Tübingen bringt; hier wenden wir uns auf dem Schleifmühleweg nach links und nach der Bahnlinie nach rechts zum Westbahnhof.

**Länge:**
13 Kilometer.

**Zeit:**
3 bis 4 Stunden.

**Höhenunterschied:**
270 Meter.

**Grill-/Spielplätze:**
Vor der Wurmlinger Kapelle, nach der Scheune.

**Sonstiges:**
Wir wandern auf Natur- und befestigten Waldwegen. Wer den etwas holprigen Weg am Ende des Spitzbergs nicht scheut, kann die Tour auch mit dem Rad unternehmen.

**Verkehrsmittel:**
Ammertalbahn. Wer lieber mit dem Auto kommt, beginnt die Tour am Schwärzlocher Hof. Man wandert dann auf dem unterhalb der Gebäude verlaufenden Sträßchen nach Westen in Richtung Ammern und biegt dort, wo der Weg nach rechts abknickt, nach links in den Wald.

**Einkehrmöglichkeit:**
Schwärzlocher Hof.

# Zum Kochhartgraben

## *Reusten – Kochhartgraben – Reusten*

**Für Naturfreunde und botanisch Interessierte ein Leckerbissen besonderer Art ist das Landschaftsschutzgebiet Kochhartgraben bei Reusten im Ammertal, ein herrliches Stück Natur, das zu jeder Jahreszeit andere Eindrücke bietet. Mit seinen Felsen an den Hängen besitzt es an manchen Stellen einen beinahe alpinen Charakter, im Talboden selbst wächst im Sommer eine fast urwaldartige Vegetation.**

**Ausgangspunkt:**

Parkplatz am Sportplatz/Bergcafé Reusten (am westlichen Ortsausgang, beschildert).

**Wegverlauf:**

Hinter dem *Sportplatz* folgen wir dem Wiesenweg direkt am Trauf. Er knickt zwar manchmal etwas ab, wir müssen aber nur darauf achten, direkt an der Hecke, die die Kante kennzeichnet, zu bleiben. Gelegentlich gibt es ein »Guckloch« oder gar einen Durchschlupf durch das dichte Gebüsch. Dies sollten wir auch nutzen, denn der Ausblick in das tief eingeschnittene Tal mit dem kleinen Bächlein ist bezaubernd. Da es steil abwärts geht, müssen wir allerdings etwas vorsichtig sein.

Nach einem Hochsitz senkt sich der Weg etwas, dahinter biegen wir nach rechts ab, am nächsten Feldweg nach links. Ab jetzt haben wir auch schöne Blicke auf Herrenberg, erkennbar an seiner mächtigen Stiftskirche, und den Schönbuchtrauf. Wir kommen unter der Autobahnbrücke hindurch, dahinter zieht der Weg nach rechts, gleich darauf halten wir uns links. An der Verzweigung mit der Birkengruppe biegen wir wieder links ab, gleich darauf nach rechts und nach einiger Zeit an der Straße nach links. An der Kläranlage gehen wir auf dem befestigten Weg wieder nach links, nun direkt hinein in den *Kochhartgraben*. Jetzt, unten am Bach, sehen wir dieses idyllische Stück Natur genauer.

Der **Kochhartgraben** ist zusammen mit dem Kirchberg seit 1973 als Landschaftsschutzgebiet mit einer Fläche von 118 Hektar ausgewiesen. Der rund fünf Kilometer lange Graben ist ein ungefähr fünfzig Meter tiefer Geländeeinschnitt mit

*Der geologisch sehr interessante Kochhartgraben*

Der etwa 500 Meter lange **Kirchberg** hat seinen Namen von einer Kirche, die früher bei dem Friedhof auf der Höhe stand, und zählt zu den ältesten Siedlungsgebieten Württembergs; man machte Funde aus der Stein- und Bronzezeit.

einem Bach, Felsen und Kalkmagerrasen; er ist eines der landschaftlich reizvollsten Täler im Oberen Gäu und auch geologisch sehr interessant. An den steilen, sonnigen Südhängen des Kochhartgrabens wie auch des Kirchbergs findet man Trocken- und Halbtrockenrasen mit der dafür typischen Flora (Kalkaster, Goldaster, Silberdistel, Enzian).

Durch die Talaue hindurch spazieren wir auf einen bewaldeten Hügel zu, vor ihm biegen wir nach rechts ab. An Wochenendhäusern vorbei kommen wir zur Landstraße, welcher wir kurz nach rechts folgen. In den nächsten Feldweg biegen wir links ein, kurz hinter dem Pferdehof folgen wir der Straße nach links. Es geht über die Autobahn und nun etwa 3 ½ Kilometer

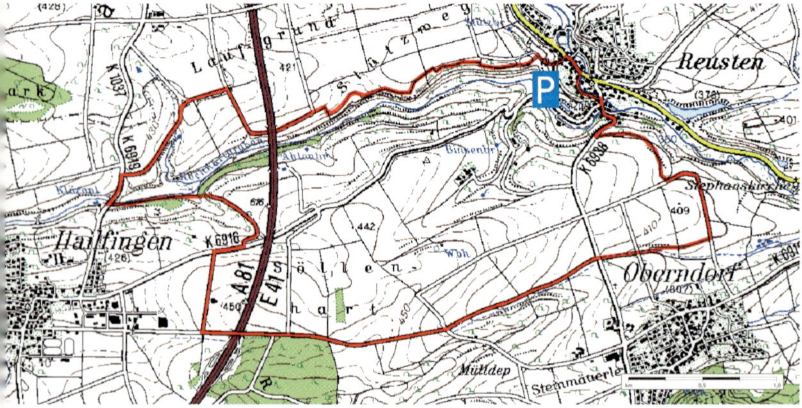

*Blick vom Kirchberg auf das schön gelegene Reusten*

auf dem Sträßchen geradeaus. Kurz nach einer Landstraße hört der befestigte Feldweg auf, am Bach entlang gehen wir auf einem Wiesenweg weiter geradeaus bis zum nächsten asphaltierten Feldweg. Hier biegen wir links ab, rechts sehen wir bald den Zwiebelturm der Poltringer Sankt-Stefans-Kirche auftauchen. Am Trauf – vor uns die ehemaligen Reustener Steinbrüche (siehe Seite 137) – biegen wir nach links ab und gleich darauf nehmen wir den rechts abgehenden Wiesenweg. Er bringt uns, immer am Trauf entlang, zur Landstraße. Dieser folgen wir nach rechts abwärts, zurück nach *Reusten,* wo uns noch ein kurzer Aufstieg erwartet.

**Reusten** (Höhe: 370–442 m)

Ein seltenes Beispiel für eine Umnutzung ist die heutige **Kirche** in Reusten, die 1760 aus einer 1575 erbauten Kelter hervorging.

Auf dem *Kirchberg* lockt noch das bekannte Bergcafé, ein nicht nur bei Tübingern beliebtes Lokal, das mit einer ganz eigenen, gemütlich-familiären Atmosphäre bezaubert.

- **Länge:**
  12 Kilometer.

- **Zeit:**
  3 Stunden.

- **Höhenunterschied:**
  80 Meter.

- **Sonstiges:**
  Die Wanderung verläuft auf Natur- sowie asphaltierten Wegen.

- **Verkehrsmittel:**
  Busverbindung.

- **Einkehrmöglichkeiten:**
  Reusten, Bergcafé.

Teil 2
Radtouren

# Durch Wälder und Felder nach Herrenberg

*Böblingen – Mauren – Altdorf – Neue Brücke – Herrenberg*

**Bei dieser Radtour durchqueren wir den westlichen Teil des Schönbuchs von Norden nach Süden. Wir starten in Böblingen, fahren erst am Südrand der Stadt entlang, dann geht es durch Wald und über die fruchtbare Holzgerlinger Platte, vorbei an der ehemaligen Maurener Wallfahrtskirche nach Altdorf und hinab in den Wald. Anschließend steigt es wieder etwas an zum Herrenberger Waldfriedhof, bis eine schöne Bergabfahrt hinab in die alte Fachwerkstadt die Tour beendet.**

- **Ausgangspunkt:** Böblingen.

- **Wegverlauf:**

Wir beginnen an der *S-Bahn-Station*. Wenn wir sie in Richtung Innenstadt verlassen, nehmen wir die Bahnhofstraße. An deren Ende überqueren wir die Hauptstraße auf dem Fußgängerüberweg (Ampel). Wir radeln links an den beiden Seen entlang, danach an schönen Spielplätzen. Es geht an der Sporthalle vorbei, danach sehen wir das Straßenschild »Schönbuchstraße«. An der Rechtskurve biegen wir nach links ab in die Tiergartenstraße (Radwegschild »Holzgerlingen«). Gleich darauf müssen wir sie nach rechts verlassen.

Es geht erst etwas abwärts, dann hinauf zum *Vereinsheim* der Vogelfreunde. Wir fahren geradeaus an ihm und am Vogelschutzgebiet mit den interessanten Lehrtafeln vorbei und über eine Wiese zum Waldrand. Hier biegen wir nach rechts in die Baumgartenwandstraße ein und folgen ihr bis zur *B 464,* die wir überqueren. Es geht weiter am Waldrand

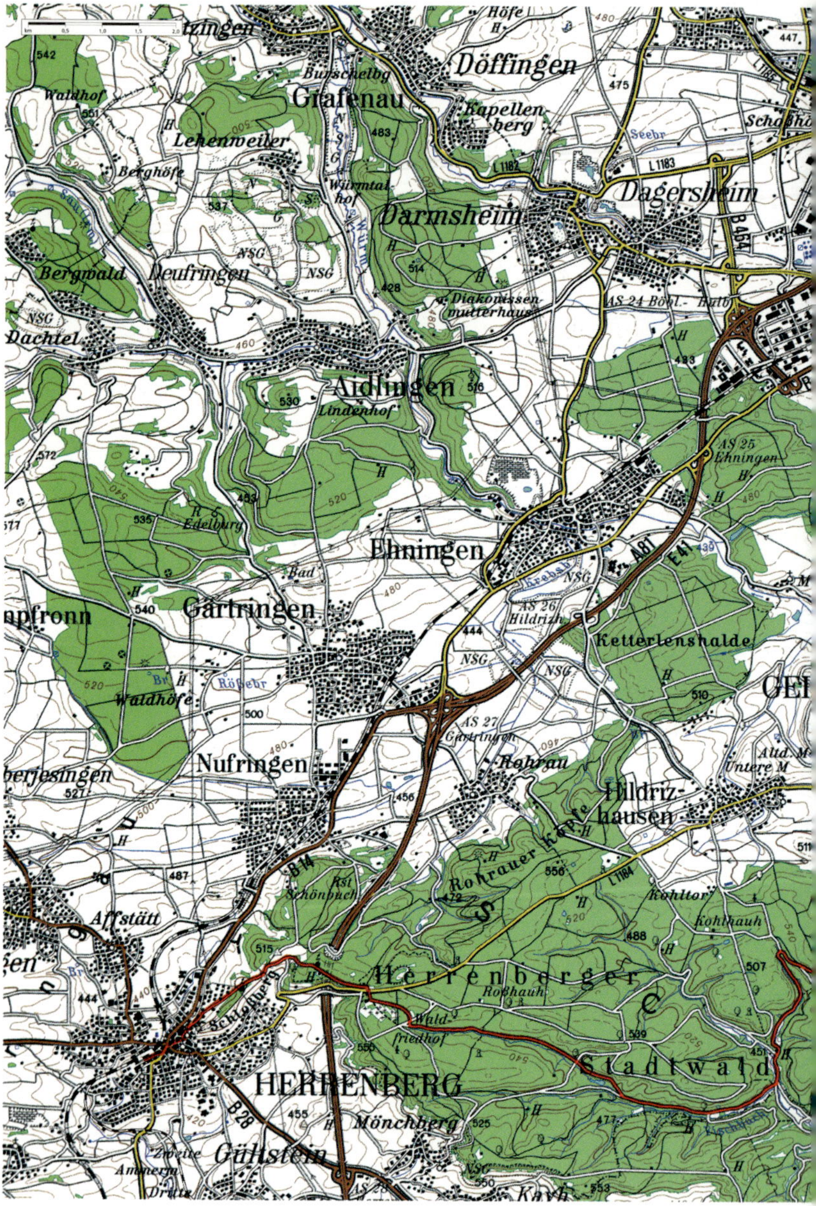
Döffingen
Grafenau
Burschelbg
Kapellenberg
Lehenweiler
Waldhof
Berghöfe
Würmtalhof
Darmsheim
Dagersheim
L 1182
L 1183
B 464
Bergwald
Deufringen
Dachtel
Diakonissen-mutterhaus
AS 24 Böbl.-Hulb
Aidlingen
Lindenhof
AS 25 Ehningen
Edelburg
Ehningen
Gärtringen
AS 26 Hildrizh.
Ketterlenshalde
Waldhöfe
Rößebr
Nufringen
AS 27 Gärtringen
Rohrau
Hildrizhausen
Rohrauer Köpfe
L 1184
Kohltor
Kohlhauh
Affstätt
Schönbuch
Herrenberger
Roßhauh
Schloßberg
Waldfriedhof
Stadtwald
HERRENBERG
B 28
Mönchberg
Gültstein
Ammerm
A 81
E 41
B 14
NSG

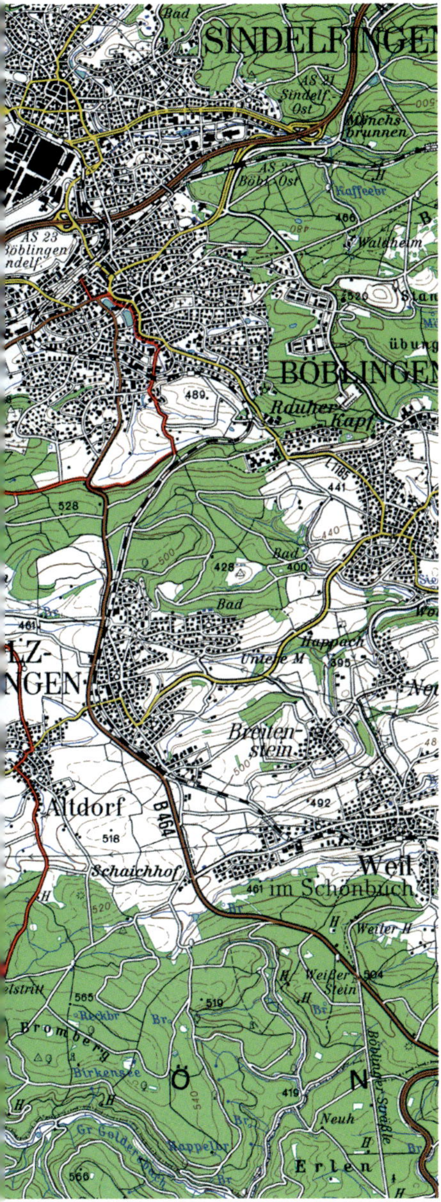


entlang, dann in den Wald hinein. An der nächsten Kreuzung biegen wir mit dem Radwegschild und dem Zeichen roter Punkt nach links ab in Richtung »Mauren«. Nach einem Rechtsknick treffen wir auf eine querende Straße, nun auch mit dem Zeichen des Schwarzwaldvereins gelbblaue Raute. Wir biegen nach links ab und verlassen kurz darauf den Wald.

Nun sehen wir auch schon die Kirche von *Mauren* (siehe Seite 29) vor uns. Es geht noch etwas geradeaus am Waldrand entlang und an Mauren vorbei bis zur Landstraße, in die wir nach links einbiegen. In der nächsten Linkskurve, nach etwa 50 Metern, fahren wir jedoch geradeaus weiter. Bald steigt es an und auf der Höhe radeln wir geradeaus nach *Altdorf* (siehe Seite 33).

Im Ort biegen wir an der Durchgangsstraße (Hildrizhausener Straße) nach rechts ab, gleich danach nach links in die Obere Straße, nun mit dem Zeichen blauer Strich. Vor der Kirche orientieren wir uns rechts, überqueren den Bach und halten uns danach in der Laienstraße nach links.

Nun verlassen wir den Ort und kommen nach dem Sportplatz bald in den Wald, hier steigt es an. Immer dem Wanderzeichen blauer Strich folgend, fahren wir etwa drei Kilometer bis zu einem Querweg, an dem es nicht mehr geradeaus weitergeht. Wir biegen nach rechts ab und fahren bis zur Verzweigung an der *Gabeleiche* (siehe Seite 33).

Wir lassen es auf dem breiten Waldweg in Richtung »Neue Brücke«

Rastplatz an der Neuen Brücke

ständig hinabrollen, überqueren einen Weg und kommen zu einem anderen Querweg (rechts Waldabteilungsschild »I 11 Hint. Steinbruch»). Hier biegen wir links ab. Es geht weiter hinab. Nachdem es ebener geworden ist, folgt eine Verzweigung; wir halten uns hier links und fahren an der *Lindachspitzhütte* vorbei. Etwas später sind wir am Rast- und Grillplatz *Neue Brücke,* den wir links liegen lassen.

Nun rollen wir durchs *Kayher Tal* bis zu einer Verzweigung, wo wir uns rechts in Richtung »Herrenberg« halten müssen (Urschelrainstraße, blauer Punkt). Es geht, nun im Sommertal, stetig aufwärts, vorbei an der *Fresseiche* (siehe Seite 62), bis der mit blauem Punkt bezeichnete Weg nach rechts abgeht. Wir folgen

Die Pfarrkirche in Altdorf war einst eine Wehrkirche.

dem Zeichen, erst am *Wildgehege* links, dann am *Herrenberger Waldfriedhof* rechts vorbei bis zur Landstraße. Auf der anderen Straßenseite liegt das Naturfreundehaus, vor ihm biegen wir nach links ab. Wir fahren nun, vorbei an der *Jahnhütte* mit großem Spiel- und Rastplatz, bergab bis zum *Roten Meer* und der *Dicken Eiche* (siehe Seite 55). Danach können wir nach links einen Abstecher zum *Schlossberg* (siehe Seite 54) machen, wo uns eine Ruine und ein prächtiger Blick auf Herrenberg erwartet. Ansonsten folgen wir dem Sträßchen bergab bis zur Fußgängerzone *Herrenbergs*.

Wer mit dem Rad weiterfahren möchte, hält sich hier rechts und fährt dann gleich wieder links auf die Straße. Das wäre allerdings schade. Also steigen wir ab und schieben unser Rad durch die Fußgängerzone bis zum *Marktplatz,* wo Straßencafés und ein herrlicher Blick auf die alten Fachwerkhäuser, Rathaus und Stiftskirche zur Abschlussrast laden. Am Ende des Marktplatzes biegen wir nach rechts in die Bronngasse ein. Das Herrenberger Besucherleitsystem bringt uns zur Unterführung; hier wird schon auf die S-Bahn verwiesen.

- **Länge:**
  27 Kilometer.
- **Zeit:**
  3 Stunden.
- **Höhenunterschied:**
  280 Meter.
- **Grill-/Spielplätze:**
  Neue Brücke, Jahnhütte.
- **Sonstiges:**
  Die Tour verläuft auf asphaltierten und Naturwegen.
- **Verkehrsmittel:**
  Böblingen und Herrenberg haben S-Bahn-Anschluss.
- **Einkehrmöglichkeiten:**
  Herrenberg.

# Fünf-Täler-Tour im Schönbuch

*Oberaichen – Siebenmühlental – Aichtal – Schaichtal – Kirnbachtal – Goldersbachtal – Herrenberg*

**Wer etwas Auf und Ab nicht scheut, sich für Kultur interessiert und schöne Täler liebt, kommt bei dieser Radtour auf seine Kosten. Sie verläuft nicht nur quer durch den Schönbuch – vom nordöstlichen Teil bei Leinfelden-Oberaichen bis in den südwestlichsten Zipfel mit Herrenberg – sondern führt auch durch fünf wunderschöne Täler; zählt man auch das Kayher und das Sommertal dazu, sind es sogar sieben! Außerdem fährt man am Zisterzienserkloster und Schloss Bebenhausen vorbei und endet in der ehemaligen Oberamtsstadt Herrenberg, die mit ihren vielen alten Fachwerkhäusern, der Stiftskirche und dem Glockenmuseum einiges zu bieten hat.**

- **Ausgangspunkt:**
  Leinfelden-Oberaichen.

- **Wegverlauf:**
  Wir fahren von der *S-Bahn-Haltestelle* ein paar Meter in Richtung Leinfelden und biegen nach den Häusern nach rechts in Richtung »Siebenmühlental« ab. Beim ersten Haus in *Musberg,* einem Fabrikgebäude, biegen wir nach links ab, vor dem Waldrand nach rechts und fahren um die nächste Fabrik herum bis zur Durchgangsstraße, wo sich auch ein *Wanderparkplatz* befindet.

  Nun fährt man – ohne Orientierungsprobleme und ständig leicht bergab auf dem ehemaligen Bahndamm durch das *Siebenmühlental* (siehe Seite 16) bis zur *Burkhardtsmühle*. Am Kiosk oberhalb des Mühlengebäudes fahren wir am Parkplatz nach rechts hinab zur Straße.

Die **Aich** entspringt bei Holzgerlingen, ist mit 33 Kilometern das

*Mitten im Siebenmühlental liegt die Schlechtsmühle.*

längste Gewässer des Schönbuchs und entwässert rund 180 Quadratkilometer. Das trotz der Verbauungen streckenweise noch recht idyllische Tal wurde am 10. Januar 1985 unter Naturschutz gestellt. Bei Neuenhaus vereinigt sich die Aich mit der Schaich, bei Oberensingen fließt sie in den Neckar.

Man kann nun auf dem Sträßchen nach links bis nach *Neuenhaus* radeln. Auf diesem Streckenabschnitt sieht man zwar viel von der schönen Landschaft des Aichtales, muss sich aber die Straße mit den Autos teilen. Wer den Verkehr meiden will, biegt bei der Burkhardtsmühle nach der Brücke nach rechts ab zum *Waldrand* und hält sich dort links in Richtung »Neuenhaus«. Nach rund vier Kilometern, etwas Steigung und rasanter Abfahrt sind wir in dem ehemaligen Häfnerort. Beim Waldaustritt, vor den Häusern, sollten wir den Ausblick über den Ort und auf den vorwitzig aus den Bäumen herausschauenden Uhlbergturm genießen.

**Neuenhaus** (Höhe: 321 m)

Neuenhaus ist ein ehemaliger Häfnerort (Häfner = Töpfer). Die **Kirche** besitzt einen spätgotischen Turm mit spitzem Helm und farbig glasierten Ziegeln, das Chorgewölbe stammt von 1480. Das zweigeschossige barocke **Pfarrhaus** mit

Lehenweiler
Berghöfe
Wurmtalhof
Darmsheim
Dagersheim
Bergwald
Deufringen
Diakonissenmutterhaus
Dachtel
Aidlingen
Lindenhof
Edelburg
Ehningen
Gärtringen
Ketterlenshalde
Mauren
Waldhöfe
HOLZGERLING
Nufringen
Rohrau
Hildrizhausen
Affstätt
Schönbuch
Rohrauer Köpfe
Herrenberger
Stadtwald
Waldfriedhof
HERRENBERG
Mönchberg
Gültstein
Kayh
Breitenholz
Gültsteiner Mühle
Hartwald
Entringen
Altingen
Tailfingen
Ammerbuch
Reusten
Poltringen

Mönchsbrunnen
Ober-aichen
LEINFELDEN
Unter-aichen
Kaffeebr
Beckenhäule
Musberg
Waldheim
LEINFELDEN-ECHTERDINGEN
Standort-übungsplatz
Mönchbr
BÖBLINGEN
Hohenwart
Rauher Kapf
Seebrückenm
Schlechtsm
ECHTE
Sulzbach
Schlößlesm
Walzenm
Roter Berg
Schönaich
Steinenbronn
Bad
Obere Ramm
Untere
Erden
Speidelsm
Wolfenm
Hasenhof
Happach
Untere M
Obere Sägm
Neuweiler
WALDENBUCH
Liebenau
Bachenm
Breitenstein
Totenbachm
Glash
Schaichhof
Weil im Schönbuch
Betzenberg
Weiler H
Weißer Stein
Dettenhausen
Naturschutz
Kälberstelle
Böblinger Straße
Neuh
Erlen
NSG
Bärlochh
Eichenfirst
Teufelsbrücke
Bebenhausen
(ehem Kloster)
Blockhs
Rübgarten
Kelt Viereckschanze
Reichenbach
Einsiedel
(Domäne)
Sophienpflege
Goldersbach
Pfrondorf
Waldhausen
Hagelloch
Rosenau
Berghof
B 464
L 1208
L 388
L 1185
SCHÖNBUCH

seinem Walmdach wurde 1722 errichtet. Im **Rathaus** befindet sich das **Häfnermuseum.** Auskunft: Tel. (0 71 27) 5 19 48 oder 5 00 65. Öffnungszeiten: Zweiter Sonntag im Monat 10–12 Uhr.

In Neuenhaus fahren wir Richtung Kirche und folgen der Beschilderung ins »*Schaichtal*« (siehe Seite 35). Am Parkplatz nach der Brücke halten wir uns rechts und fahren jetzt durch das nächste der herrlichen Schönbuchtäler, die wir bei dieser Tour aufsuchen. Nach etwa zwei Kilometern folgen wir dem mit blauem Kreuz markierten Weg, der uns nach links hinauf zur *Sulzeiche* (siehe Seite 37) bringt.

Wir biegen nach rechts ab und fahren am Waldrand entlang, bis wir auf die *Landstraße* treffen. Unterwegs sollten wir die prächtige Aussicht genießen, die wir zu den fernen Höhen der Schwäbischen Alb haben. Der auffällige Bergkegel im Vordergrund ist die Achalm bei Reutlingen. Wir bleiben auf der Landstraße, bei der Straßenkreuzung im Wald biegen wir nach links ab in Richtung Pfrondorf. Gleich darauf nehmen wir aber den Weg nach rechts, der sich kurz danach verzweigt. Wir folgen dem rechten Abzweig, der uns hinab in die *Bärlochklinge* und ins *Kirnbachtal* (siehe Seite 10) bringt.

Wir fahren nun in dem romantischen Waldtal bis zur *Mauterswiese,* wo wir eine Schutzhütte und eine Feuerstelle finden. Dem Weg weiter

Auf befestigten Radwegen rollt es sich angenehm.

folgend erreichen wir schließlich die Bundesstraße, auf dem Fahrradweg links davon fahren wir nach *Bebenhausen*. Vor dem Ort nehmen wir den nach links abgehenden Weg, der uns durch den Parkplatz hindurch zu den Häusern bringt. Unser Weg geht jetzt mit dem Zeichen roter Balken nach links weiter – allerdings sollten wir zuerst Kloster und Schloss besichtigen.

Nach Bebenhausen fahren wir im *Großen Goldersbachtal* (siehe Seite 41) bis zur Verzweigung am *Geschlossenen Brunnen* (siehe Seite 48), hier biegen wir nach rechts ab und kommen durch das Gatter in den geschützten Bereich. An der Verzweigung bei der Tellerbrücke bleiben wir rechts und radeln bis zur *Teufelsbrücke*, einem der beliebtesten Rast- und Grillplätze des Schönbuchs.

Oberhalb der **Teufelsbrücke** lag früher eine Einsiedelei. Von einem der Klausner wird erzählt, dass er jede Nacht um Mitternacht die kleine Glocke der Kapelle geläutet hat. Dann ging er zur Wegkreuzung ins Goldersbachtal, um dort den Teufel zu beschwören. Deshalb wurde diese Stelle Teufelsbrücke genannt. Hier, an der Grenze der Landkreise Tübingen und Böblingen, wurde 1973 eine 300 Jahre alte Eiche mit einem Stammumfang von über 4,70 Meter dem »Beschützer des Schönbuches«, Oskar Klumpp, gewidmet. Er war von 1963 bis 1973 Landrat in Tübingen und hat sich besonders vehement (und letztendlich auch erfolgreich) gegen den im Schönbuch geplanten Großflughafen Stuttgart II zur Wehr gesetzt.

Nach dem querenden Weg fahren wir links am Teich vorbei – im Frühjahr kündet schon von weitem hörbar lautes Gequake an, dass er von zahlreichen Fröschen bewohnt ist. Es geht weiter im Goldersbachtal bis zum *Soldatengrab* (siehe Seite 42).

Etwas später stehen wir an der *Neuen Brücke,* wo sich ebenfalls ein beliebter Rastplatz befindet. Hier biegen wir mit dem Zeichen blauer Strich nach links ab ins *Kayher Tal.* Etwas später verzweigt sich der Weg, wir nehmen den mit blauem Punkt ausgezeichneten, der uns durchs *Sommertal* – und ab nun immer etwas bergauf – führt. Bald kommen wir zur *Fresseiche* (siehe Seite 62), an der ein Gedicht erklärt, warum sie so heißt. Schließlich müssen wir an einer Kreuzung vor einer »Verkehrsinsel« nach rechts abbiegen. Wir überqueren den nächsten Weg und radeln links am *Wildgehege* vorbei bis zum *Herrenberger Waldfriedhof.* Nach dem Parkplatz finden wir im Naturfreundehaus auf der anderen Straßenseite eine Einkehrmöglichkeit.

Wir können nun vor der Landstraße dem Weg nach links hinab nach Herrenberg folgen, wir können uns aber auch auf der anderen Seite vor dem Naturfreundehaus links halten. Wir kommen bald an der *Jahnhütte* vorbei, wo sich auch ein Rast- und Grillplatz befindet, danach geht es hinab zum *Roten Meer* mit der *Dicken Eiche* (siehe Seite 55). Am Parkplatz orientieren wir uns rechts und können es nun hinab bis zur Fußgängerzone *Herrenbergs* rollen lassen. Wer mit dem Rad weiterfahren möchte, hält sich hier rechts, dann gleich wieder links auf die Straße. Oder wir steigen ab und schieben unser Rad durch die Fußgängerzone bis zum *Marktplatz.* Am Ende des Marktplatzes biegen wir nach rechts in die Bronngasse ein. Das Herrenberger Besucherleitsystem bringt uns zur Unterführung, hier wird schon auf die S-Bahn verwiesen. Auf der anderen Straßenseite sind es nur noch wenige Meter bis zum Bahnhof.

- **Länge:**
  52 Kilometer.

- **Zeit:**
  4 bis 5 Stunden.

- **Höhenunterschied:**
  450 Meter.

- **Grillgelegenheit:**
  Unterwegs findet man zahlreiche Grillplätze.

- **Sonstiges:**
  Die Tour verläuft auf asphaltierten und Naturwegen, außerdem kurze Stücke auf Straßen.

- **Verkehrsmittel:**
  Leinfelden und Herrenberg haben S-Bahn-Anschluss.

- **Einkehrmöglichkeiten:**
  Leinfelden, Bebenhausen, Herrenberg.

# Vom Aichtal ins romantische Schaichtal

*Burkhardtsmühle – Aichtal – Neuenhaus – Schaichtal – Burkhardtsmühle*

**Bei dieser Tour durchradeln wir zwei romantische Täler. Beim Aichtal kann man sich entscheiden, ob man bis Neuenhaus lieber auf der Straße fährt oder im Wald. Auf der Autostraße geht es leichter und die Strecke ist schöner, weil man die Tallandschaft genießen kann. Auf dem ruhigeren Waldweg radelt es sich dagegen schwerer und es geht etwas bergauf.**

**Ausgangspunkt:**
Burkhardtsmühle (siehe Seite 18), Parkplatz südlich der Straße.

**Wegverlauf:**
Wer sich für die Straße durchs *Aichtal* (siehe Seite 86) entschieden hat, fährt nach Osten in Richtung Nürtingen bis *Neuenhaus* (siehe Seite 87) und biegt dort nach rechts ab zur Kirche. Wer lieber im Wald radelt, fährt ab dem Parkplatz nach Osten in Richtung »Neuenhaus«. Nach rund vier Kilometern, etwas Steigung und einer rasanten Abfahrt sind wir in dem ehemaligen Häfnerort. Beim Waldaustritt, vor den Häusern, sollten wir den Ausblick ins Aichtal und auf Neuenhaus genießen. Gegenüber sehen wir den Uhlbergturm zwischen den Bäumen herausschauen. An der Kirche biegen wir nach rechts ab und folgen den Schildern ins »*Schaichtal*«.

Am Parkplatz nach der Brücke halten wir uns rechts und fahren jetzt rund acht Kilometer durch eines der vielleicht schönsten Schönbuchtäler (siehe Seite 35). Zahlreiche Seerosenteiche säumen den Weg. Nach zwei Natursteinhäuschen am Ende des Tals – es sind Gebäude der Bodenseewasserversorgung – folgen wir dem Schild »Waldenbuch« und biegen

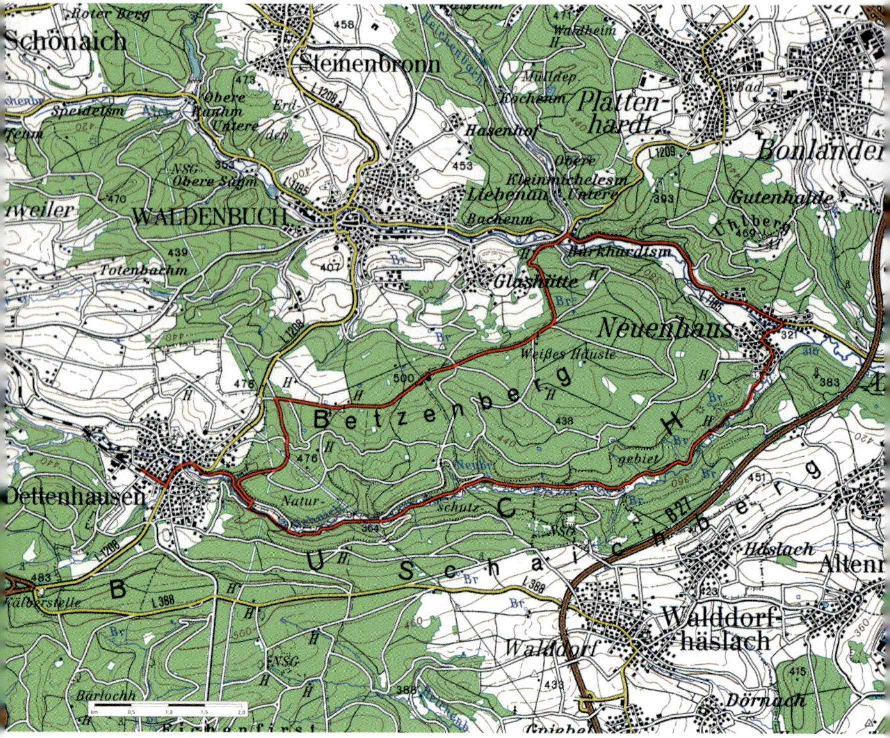


nach rechts ab. Jetzt folgt eine zwei Kilometer lange Bergauffahrt – mit einigen flacheren Teilstücken – auf den *Betzenberg*.

Der etwa 500 Meter hohe **Betzenberg** ist ein lang gestreckter, in West-Ost-Richtung verlaufender Höhenrücken zwischen dem Aichtal im Norden und dem Schaichtal im Süden. Hier gab es früher viele kleine Steinbrüche, in welchen der schon bei den Römern begehrte Stubensandstein gebrochen wurde; unter anderem fand der Stein beim Ulmer Münster, dem Kölner Dom oder dem Münchner Rathaus Verwendung. Außerdem holten hier die Töpfer von Häfner-Neuhausen, dem heutigen Neuenhaus, aus den lehmigen Schichten ihren Ton. Der Berg weist zahlreiche Stellen früher Besiedlung auf, so zum Beispiel fünf Grabhügelgruppen aus der Hallstattzeit.

Am Parkplatz weist das Radzeichen nach rechts. Der Weg verläuft, vorbei an einer keltischen *Viereckschanze*, vorerst zwischen Waldrand

*Das Schaichtal gehört zu den beliebtesten Ausflugszielen im Schönbuch.*

und Obstwiesen, dann geht es wieder in den Wald hinein. Etwa zwei Kilometer nach dem Sendemast halten wir uns an der Wegteilung zweimal links zur Burkhardtsmühle.

**Länge:**
21 Kilometer.

**Zeit:**
2 Stunden.

**Höhenunterschied:**
180 Meter.

**Grill-/Spielplätze:**
Schaichtal.

**Sonstiges:**
Die Tour verläuft auf befestigten Forstwegen, wer möchte, kann auch ein Stück auf der Straße radeln.

**Verkehrsmittel:**
Schönbuchbahn. Vom Bahnhof Dettenhausen radelt man zur Durchgangsstraße und auf ihr kurz nach Norden, Richtung Waldenbuch. Am Freibad biegt man rechts ab und kommt so ins Schaichtal. Man beginnt in diesem Fall die Tour mit der Auffahrt auf den Betzenberg.

**Einkehrmöglichkeiten:**
Neuenhaus.

# Durchs fruchtbare Gäu in Richtung Schwarzwald

*Herrenberg – Nufringen – Unterjettingen – Öschelbronn – Nebringen – Herrenberg*

**Bei dieser Radtour radeln wir in leichtem Auf und Ab durch kleine Waldstücke und die fruchtbare Landschaft des Oberen Gäus am Übergang zum Schwarzwald. Immer wieder bieten sich uns schöne Fernblicke. Ein besonders schönes Plätzchen erwartet uns am Schluss der Tour: die Ammerquelle.**

- **Ausgangspunkt:**
  Herrenberg.

- **Wegverlauf:**
  Vom Bahnhof aus fährt man auf der Bahnhofstraße bis zur Horber Straße, dort nach links zum Reinhold-Schick-Platz. Nun hält man sich auf der B 14 nach links in Richtung »Stuttgart«. An der Ampel nach dem Einkaufszentrum am Nufringer Tor, wo ein Fußgängerüberweg über die Straße geht, biegen wir rechts in die Benzstraße in Richtung »Schlossberg« ein. Gleich darauf fahren wir nach links und etwas später nach rechts die Lämmleshalde hinauf. Als Alternative kann man zum Herrenberger Marktplatz gehen und dann nach links in der Fußgängerzone die Stuttgarter Straße entlang spazieren. Die Fachwerkherrlichkeit entschädigt für das kurze Schiebestück. Am Ende der Altstadt zweigt von der Stuttgarter Straße nach rechts die Straße Am Joachimsberg ab; sie fahren wir hinauf. Nach einiger Zeit treffen wir ebenfalls auf die Lämmleshalde. Nun strampeln wir, teilweise recht steil, vollends hoch bis zum Parkplatz am *Roten Meer* (siehe Seite 55).

  Es geht vorbei an der *Dicken Eiche* bis zu einem kleinen Kiefernwaldstück, hier biegen wir nach links ab in Richtung »Nufringen«. Et-

was später kommen wir an einem ehemaligen Schilfsandsteinbruch vorbei. Wenn der Wald beginnt, biegen wir nach links ab (»Nufringen«). Der Weg zieht bald nach rechts, vorbei an einem großen *Waldspielplatz* und zum *Parkplatz »Freizeithütte«*. An der Kreuzung danach biegen wir nach links ab und lassen es nun hinab nach *Nufringen* rollen.

**Nufringen** (Höhe: 459 m)

Die 1302 erstmals erwähnte evangelische **Pfarrkirche Sankt Pelagius** ist eine ehemalige Wehrkirche. Der älteste Teil ist der roma-

*Die ehemalige Wehrkirche in Nufringen ist noch ummauert.*

nische Nordturm mit Rundbogenfenstern und steilem Zeltdach (1150). Das spätgotische Erdgeschoss mit Netzgewölbe diente früher als Kapelle. Eine Rarität ist das »Nürnberger Becken«, eine »Aderlassschale« aus dem 15. Jahrhundert, die später als Tauf- und Opferschale verwendet wurde. In der teilweise erhaltenen **Kirchhofmauer** ist ein Rundbogentor (1788) eingebaut. Das stattliche **Pfarrhaus** entstand im 16. Jahrhundert durch Umbau eines älteren Gebäudes, zusammen mit der Kirche bildet es eine reizvolle Baugruppe.

An der Landstraße orientieren wir uns links, behalten an der Ampel unsere Richtung bei und fahren unter der S-Bahn hindurch bis zur Hauptstraße; hier biegen wir nach links ab. Wo die Hauptstraße als Herrenberger Straße nach links zieht, fahren wir mit dem Radwegschild »Kuppingen« geradeaus die Oberjesinger Straße entlang und aus Nufringen hinaus. Kurz nach dem Ort zieht der Feldweg nach rechts, am Gebäude der Bodenseewasserversorgung dann nach links.

An der Verzweigung bei der Scheune vor den zweiten Stromleitungen fahren wir geradeaus weiter nach *Oberjesingen*. Nach der Kirche stoßen wir auf die *B 296,* hier orientieren wir uns links. An der nächsten Straße (Enzstraße) biegen wir nach rechts ab, fahren aus dem Ort hinaus und zum Sportplatz am Waldrand. Hier halten wir uns links, radeln kurz darauf in den Wald hinein und an der nächsten Verzweigung nach links. Der Weg knickt gleich darauf wieder nach rechts ab und bringt uns in wenigen Minuten zur Landstraße. Wir überqueren sie und behalten unsere Richtung bei. Nochmals kurz durch den Wald fahrend kommen wir zu *Sportplätzen,* hier rollen wir nach links bis zur Landstraße, dann auf ihr nach rechts bis zur *B 28.* Wir orientieren uns links, biegen aber am nächsten Waldweg nach rechts ab.

Interessant sind hier einige große Dolinen. Wir radeln auf dem Waldweg bis zu dem Querweg, der mit der gelbblauen Raute des Schwarzwaldvereins gekennzeichnet ist. Nach rechts heißt er *Frau Fichte Weg,* hier fahren wir bis zum Waldrand. Dort biegen wir nach links ab. Es geht auf eine kleine Anhöhe hinauf, wo wir mit einem Radwegschild nach rechts abbiegen und nach *Unterjettingen* rollen. Wir fahren durch das Wohngebiet bis zur Kirche und biegen nach links in die Hauptstraße ein. Etwas später bleiben wir auf der nach rechts ziehenden Straße, knicken aber gleich darauf nach links nach *Mötzingen* ab.

Am Ortsende an der Bushaltestelle biegen wir nach links in die Straße In der Breite ein, an der nächsten Straße halten wir uns rechts. Nach den Häusern an der Verzweigung vor den Mülltonnen orientieren wir uns links. Wir fahren nun einige Zeit auf dem Naturlehrpfad. Es geht hinab zum Waldrand, hier nach links und vor dem nächsten querstehenden Wald nach links bis zu einem Querweg, wo es nicht mehr weiter geht. Hier biegen wir nach rechts ab. An der Markungsgrenze »Dreiländereck« knickt der Lehrpfad nach rechts ab, wir aber fahren geradeaus weiter bis zur Landstraße. Hier orientieren wir uns nach links und rollen nach *Öschelbronn,* durch den Ort hindurch, und biegen am Ende nach links nach »Nebringen« ab.

Wo in *Nebringen* die Altinger Straße nach rechts nach »Stuttgart« abknickt, behalten wir unsere Richtung bei und fahren geradeaus in die Herrenberger Straße (Radschild »Gültstein«) hinein. Nach dem Ort kommen wir am Friedhof vorbei, dahinter biegen wir nach links ab und radeln bis zum Wald; hier halten wir uns rechts und rollen nun nach *Haslach.* An den ersten Häusern fahren wir geradeaus steil hinauf zur Landstraße, auf der anderen Seite geht es etwas nach rechts versetzt weiter. Wir radeln etwas bergab bis zur

*Die Gäu-Tour verläuft durch eine abwechslungsreiche Landschaft.*

*Fachwerkhäuser um den Herrenberger Marktplatz*

nächsten Landstraße, überqueren sie und rollen hinter den ersten Häusern nach rechts steil hinab bis vor die Bahnlinie. Etwas nach rechts versetzt unterqueren wir sie. Nach dem Talhof biegen wir nach rechts ab und kommen zur *Ammerquelle*, die in einem idyllischen Gehölz liegt.

Die **Ammerquelle** besteht aus drei Quelltöpfen; es sind Karstquellen, deren Wasser aus dem verkarsteten Gebiet des Oberen Muschelkalks im Norden und Nordwesten kommt. Zusammen mit den prächtigen alten Bäumen bieten sie einen überaus idyllischen Anblick.

Die **Ammer** bildet die südliche Begrenzung des Schönbuchs, fließt durch ein Tal mit sanften Hügeln und schroffen Flusseinkerbungen und mündet bei Lustnau in den Neckar, nachdem sie noch kurz zuvor den Goldersbach aufgenommen hat. »Schwäbisches Arkadien« wurde das Ammertal mit den alten Weingärtnergemeinden schon einmal genannt. Und wirklich, wer an einem heißen Sommertag das Ammertal, seine Orte oder die Hänge mit den Weingärten aufsucht, wird merken, dass diese Bezeichnung so falsch nicht ist! »Das Leben ist kein Jammertal – am wenigsten im Ammertal«, reimte schon im 19. Jahrhundert der dichtende Ochsenwirt Späth aus Tübingen. Der Ammerkanal, der westlich vom Schwärzlocher Hof von der Ammer abgeleitet wurde, durchfließt Tübingens Altstadt.

Hinter den Ammerquellen halten wir uns links und fahren schnurgerade bis zur B 14. Wir rollen kurz nach links, dann gleich wieder nach rechts. Entlang der Ammer kommen wir zur *Zweiten Ammermühle,* hier führt uns der Weg nach links zu den Sportplätzen und zurück nach Herrenberg.

- **Länge:**
  37 Kilometer.

- **Zeit:**
  3 bis 4 Stunden.

- **Höhenunterschied:**
  250 Meter.

- **Grillplatz:**
  Freizeitplatz vor Nufringen.

- **Zusätzliche Karten:**
  Wanderkarte 1 : 50 000 des Landesvermessungsamts, Blatt 3, »Bad Wildbad – Freudenstadt«, und Blatt 14, »Stuttgart und Umgebung«,.

- **Sonstiges:**
  Die Tour verläuft auf befestigten Wegen.

- **Verkehrsmittel:**
  S-Bahn.

- **Einkehrmöglichkeiten:**
  In den Orten unterwegs.

# Über den Langen Rücken nach Bebenhausen

*Parkplatz Franzenssträßchen – Langer Rücken – Bebenhausen – Goldersbachtal – Parkplatz*

**Diese Tour führt durch ein herrliches, ursprüngliches Waldgebiet im Naturpark Schönbuch. Einen Höhepunkt erleben wir etwa nach der Hälfte der Strecke: das alte Zisterzienserkloster Bebenhausen. Danach radeln wir durch das Goldersbachtal, eines der schönsten Täler des Schönbuchs. Die Tour ist relativ kurz – und kann sogar kindgerecht nochmals auf ungefähr die Hälfte verkürzt werden –, so dass man ausgiebig Gelegenheit hat, Kloster und Schloss in Bebenhausen zu besichtigen oder eine gemütliche Grillpause einzulegen, je nach Vorliebe!**

■ **Ausgangspunkt:**

Parkplatz Franzenssträßchen (an der B 464, die von der Kälberstelle nach Holzgerlingen führt, am Abzweig zum Parkplatz Schaichhof).

■ **Wegverlauf:**

Wir fahren zunächst auf der Bundesstraße nach Osten bis zur Kreuzung an der *Kälberstelle*. Wer möchte, kann vorher am Weißen Stein einen Abstecher nach links machen und in der Weiler Hütte einkehren. Und wer nur eine kurze Tour unternehmen will, vielleicht, weil er Kinder dabei hat, fährt hier nach rechts auf dem Böblinger Sträßle nach Bebenhausen. Ansonsten überqueren wir die Straßenkreuzung der alten B 27 in Richtung »Walddorf«. Nach einiger Zeit liegt rechts ein Parkplatz, hier biegen wir nach rechts ab und fahren nun auf der *Langerrückenstraße*. Im Wesentlichen geht es immer bergab. Nach einiger Zeit sehen wir links die *Kreuzbuche* mit dem fast versunkenen *Schwedenkreuz* (siehe Seite 51/52),

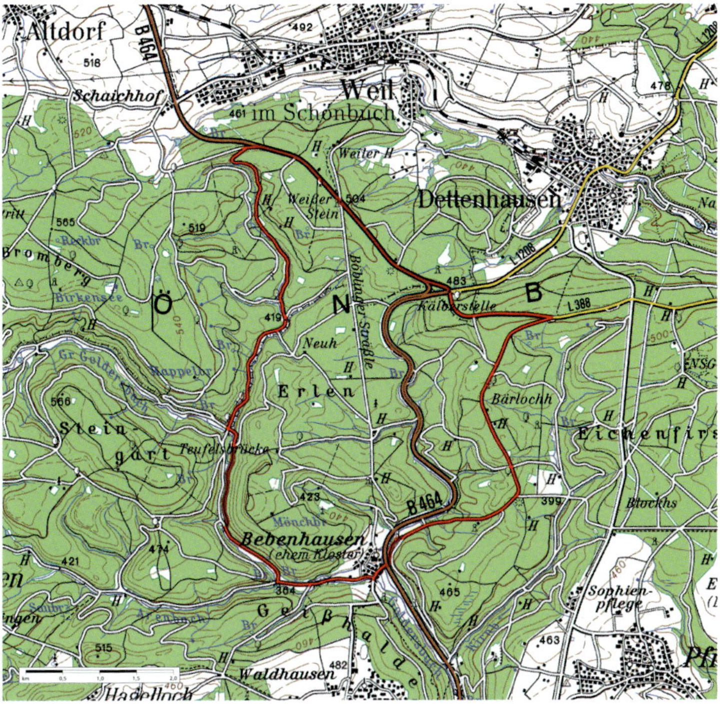


das an die finsteren Zeiten des Dreißigjährigen Krieges erinnert. Bald kommt die *Bärlochhütte* (siehe Seite 52) mit Spielwiese und Grillplatz. Etwas später sehen wir rechts die Ruine der *Otto-Schäffer-Linde* (siehe Seite 52). Es geht nun bergab zu einem Parkplatz, danach steigt der Weg wieder ein bisschen an. An einer Verzweigung bleiben wir rechts in Richtung »Bebenhausen«. Gleich rechts im Baumschatten steht der mächtige *König-Wilhelm-Stein*.

Der **König-Wilhelm-Stein** wurde am 27. August 1916 zum 25-jährigen Regierungsjubiläum von König Wilhelm II. von den Schönbuchgemeinden und vom Schwäbischen Albverein errichtet.

Es geht nun bis *Bebenhausen* bergab. Wir überqueren die ehemalige B 27 und fahren nach Bebenhausen hinein. Unser Weg geht zwar geradeaus bis zur Brücke am Ortsende, vorher sollten wir aber das rechts liegende Kloster besichtigen.

Vor der *Brücke* biegen wir nach rechts ab und radeln mit dem Wanderzeichen roter Strich durch das herrliche *Goldersbachtal* (siehe Sei-

*Blick auf den 1424 errichteten Bau des Klosterkrankenhauses (Infirmerie) in Bebenhausen*

zu einer Verzweigung bei einer mächtigen Kastanie, hier halten wir uns links und biegen in die *Ochsenschachenstraße* ein (Richtung »Holzgerlingen«).

Das Gelände steigt nun langsam, aber ständig an. Wir behalten immer unsere Richtung bei, erreichen nach einiger Zeit den *Ochsenweiher,* und nach weiterem Anstieg sind wir zurück beim *Parkplatz Franzenssträßchen.*

te 41), den Bach immer neben uns, bis zum *Geschlossenen Brunnen* (siehe Seite 48), wo wir nach rechts in Richtung »Herrenberg« abbiegen. An der Verzweigung an der *Tellerbrücke* bleiben wir rechts und kommen zur *Teufelsbrücke* (siehe Seite 91). Hier ist an schönen Tagen am Grill- und Rastplatz immer viel los. Wir biegen nach rechts ab in das *Kleine Goldersbachtal*. Kurz nach dem Rastplatz am *Klaftersteigle* kommen wir

- **Länge:**
  18 Kilometer.
- **Zeit:**
  2 Stunden.
- **Höhenunterschied:**
  180 Meter.
- **Grill-/Spielplätze:**
  Bärlochhütte, Goldersbachtal.
- **Sonstiges:**
  Die Tour verläuft auf Forstwegen, ein Stück auf der Bundesstraße.
- **Einkehrmöglichkeiten:**
  Weiler Hütte, Bebenhausen.

# Durch das Goldersbachtal

## *Bebenhausen – Teufelsbrücke – Parkplatz Schaichhof – Großes Goldersbachtal – Bebenhausen*

**Diese Radtour führt uns in das idyllische Goldersbachtal. Schon der Auftakt – Bebenhausen mit Schloss und Kloster – ist so großartig, dass man gerne verweilen möchte. Zum Glück ist die Tour nicht allzu lang, so dass davor oder danach noch genügend Zeit für eine Besichtigung bleibt.**

**Ausgangspunkt:**
Bebenhausen.

**Wegverlauf:**
Wir fahren geradeaus in den Ort hinein und folgen vor der Brücke dem Wanderzeichen roter Strich nach rechts. Nun radeln wir durch das herrliche *Goldersbachtal* (siehe Seite 41), den Bach immer neben uns, bis zum *Geschlossenen Brunnen* (siehe Seite 48), wo wir nach rechts in Richtung »Herrenberg« abbiegen. Bei der Verzweigung an der *Tellerbrücke* bleiben wir rechts und kommen zur *Teufelsbrücke* (siehe Seite 91), hier biegen wir nach rechts ab in das *Kleine Goldersbachtal*. Kurz nach dem Rastplatz am *Klaftersteigle* kommen wir zu einer Verzweigung bei einer mächtigen Kastanie, wo wir uns links halten und in die *Ochsenschachenstraße* in Richtung »Holzgerlingen« einbiegen. Nach wenigen Minuten biegen wir nach links ab in die *Seitentalstraße*. Nun folgt der einzige größere Anstieg dieser Tour.

Nach einiger Zeit treffen wir auf den querenden *Steinigen Weg,* dem wir nach rechts bis zur *Schnapseiche* folgen.

Für den Namen **Schnapseiche** gibt es zwei Deutungen: Nach der einen brachten die Bauern der Umgebung ihr Korn hierher, wo es von Brennern aus dem Albvorland und der Tübinger Gegend gegen Schnaps eingetauscht wurde. Einer anderen Ver-

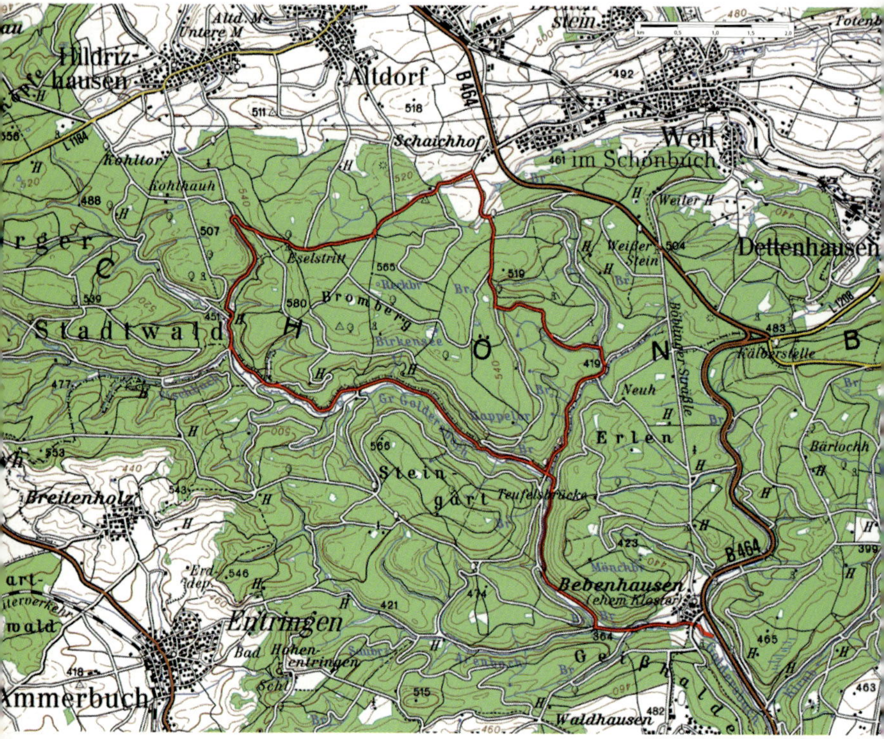


sion nach erhielten hier die fronpflichtigen Bauern bei Treibjagden der württembergischen Herrscher einen Schnaps zum Aufwärmen.

Danach kommen wir zum *Parkplatz Schaichhof*. Gleich nach diesem biegen wir nach links ab (»Schaichhof«) und fahren durch die *Golfanlage* hindurch.

Der **Schaichhof** gehörte im 15. Jahrhundert der Hildrizhausener Frühmesse. Er hatte besondere Gerechtigkeiten, als Gegenleistungen musste er bei herrschaftlichen Jagden als Stützpunkt und »Hundelege« dienen. Das Gutshaus stammt von 1771, zusammen mit den Wirtschaftsgebäuden aus dem 19. Jahrhundert bildet es eine ausgedehnte Vierflügelanlage. Das 110 Hektar große, 1824 von der königlichen Hofdomänenkammer (heute Württembergische Hofkammer) erworbene Gut ist heute ein Golfplatz.

Nach der Schranke biegen wir nach links ab. Wir folgen immer dem Forstweg bis vor das Gatter des

Der Grillplatz bei der Teufelsbrücke ist sehr beliebt.

Naturparks, davor halten wir uns rechts. Nach einiger Zeit kommen wir zur *Gabeleiche* (siehe Seite 33). Hier halten wir uns an den linken, bergab führenden Weg. Wir biegen am zweiten, scharf nach links abzweigenden Weg ab und fahren entlang des *Sulzbachs* hinab zur *Lindachspitzhütte*. Hier orientieren wir uns links und kommen zur *Neuen Brücke*. Links am Rastplatz vorbei radeln wir ins *Große Goldersbachtal* und fahren nun gemütlich zurück. Es geht vorbei am *Soldatengrab* (siehe Seite 42), danach erreichen wir die *Teufelsbrücke* (siehe Seite 91), von wo es auf bekanntem Weg zurückgeht.

**Länge:**
27 Kilometer.

**Zeit:**
2 Stunden.

**Höhenunterschied:**
200 Meter.

**Grill-/Spielplätze:**
Goldersbachtal, Parkplatz Schaichhof.

**Sonstiges:**
Die Tour verläuft auf befestigten Wegen.

**Einkehrmöglichkeiten:**
In Bebenhausen.

# Durch den Eisenbachhain

## *Parkplatz Kirnbachtal – Bärlochklinge – Stadtreitereiche – Rotes Tor – Pfrondorf – Lustnau – Parkplatz*

**Der Eisenbachhain ist ein urwüchsiges Stück Schönbuchlandschaft, ein Bannwaldgebiet, in dem die Natur sich selbst überlassen bleibt. Hier sehen wir viele alte, knorrige Bäume. Ganz andere Landschaftseindrücke bietet die Weiterfahrt über die aussichtsreiche und fruchtbare Fläche bei Pfrondorf.**

- **Ausgangspunkt:**
  Parkplatz Kirnbachtal.

- **Wegverlauf:**
  Am Parkplatz fahren wir in das *Kirnbachtal* (siehe Seite 52) hinein. Am Anfang sehen wir noch einige Tafeln des Geologischen Lehrpfades, man sollte anhalten und sie sich durchlesen. Ansonsten bleiben wir immer im Tal (Beschilderung »Mauterswiese« bzw. »Walddorfhäslach«) und fahren im Prinzip geradeaus; es steigt nun leicht an. Nach einiger Zeit kommen wir an der *Mauterswiese* vorbei, etwas später an der *Mahneiche*.

Die **Mahneiche** besitzt bei einem Alter von rund 350 Jahren einen Stammumfang von über fünf Metern. An ihr ist eine Tafel angebracht, die an die erfolgreiche Verhinderung des Großflughafens, der im Schönbuch gebaut werden sollte, erinnert.

Jetzt geht es in der *Bärlochklinge* (siehe Seite 52) kräftig nach oben, und der Weg beschreibt eine Serpentine. Auf der Landstraße halten wir uns kurz links und an der Kreuzung rechts.

Wir fahren bis zum Parkplatz an der *Stadtreitereiche,* wo wir nach rechts abbiegen. Nun radeln wir geradeaus in den *Eisenbachhain* (siehe Seite 43) hinein und kommen zur *Burgereiche.* Hier halten wir uns links, am nächsten Querweg noch-

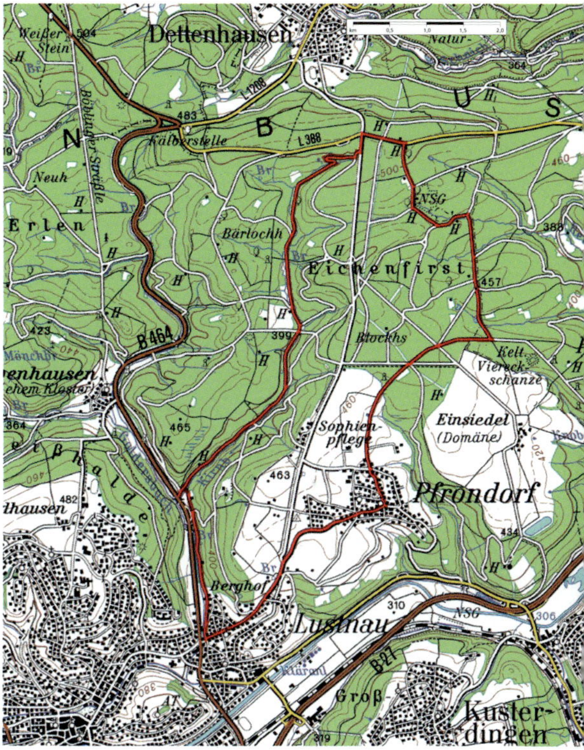


mals. Es geht kurz bergab, vorbei an einer Hütte, bis zu einem weiteren querenden Weg. Hier biegen wir nach rechts ab. Es geht kurz darauf etwas hinab, dann wieder hinauf zum *Jägersitz,* wo es einen schönen Spiel- und Grillplatz gibt. Wir fahren hier links vorbei und rollen hinunter zu einem kleinen Teich, danach steigt es wieder an bis zu einem Querweg an einer kleinen »Verkehrsinsel«, hier biegen wir nach rechts ab. Bald überqueren wir die *Lindenallee* (siehe Seite 45), dahinter das Sträßchen, das nach Einsiedel führen würde. Wir behalten hinter ihm unsere Richtung bei und fahren am Spiel- und Grillplatz *Rotes Tor* vorbei. Bald verlassen wir den Wald, mit schöner Aussicht zur Schwäbischen Alb radeln wir nun nach *Pfrondorf.*

**Pfrondorf** (Höhe: 434 m)

In Pfrondorf finden wir noch einige sehenswerte Brunnen und Häuser wie zum Beispiel den **Meierhof** oder den **Doktors-** oder **Schneckenhof.**

Wir fahren geradeaus in den Ort hinein bis zur Kirche, wo wir nach rechts in die Lustnauer Straße abbiegen. Bei den letzten Häusern werden wir mit einem Radwegschild »Lustnau« bzw. »Tübingen« nach links verwiesen. Nun geht es bergab. Wir müssen nur immer auf die Radwegschilder achten und erreichen bald die ersten Häuser von *Lustnau*, hier zweigt der Radweg nach rechts ab.

**Lustnau** (Höhe: 310–450 m)

Die spätgotische **Kirche** liegt burgartig über dem Tal im ummau-

*Das 8,3 Hektar große Bannwaldgebiet Eisenbachhain dient Forschungszwecken. Es wird weder »aufgeräumt« noch forstlich bewirtschaftet und erinnert deshalb an einen Urwald.*
*300 Jahre alte Eichen sind hier keine Seltenheit.*

erten Friedhof, sie wurde Ende 1496 erbaut, der romanische Vorgängerbau stammte aus dem 12. Jahrhundert. Sehenswert sind auch die Reste des **Bebenhäuser Klosterhofs,** es sind auch noch Teile der mit Türmen besetzten Wehrmauer (Anfang 16. Jh.) erhalten.

Durch eine schöne Grünanlage geht es weiter abwärts bis zur querenden Kreuzstraße. Hier biegen wir nach rechts ab, nach der Ampel behalten wir unsere Richtung bei und fahren auf der Jürgensenstraße weiter. Der Radweg nach »Bebenhausen« zweigt kurz danach nach links ab. Es geht nun mit dem Wanderzeichen entlang des *Goldersbaches* (siehe Seite 41) aus dem Ort hinaus und vorbei an der *Goldersbachklause* zurück zum Ausgangspunkt.

- **Länge:**
  20 Kilometer.

- **Zeit:**
  2 Stunden.

- **Höhenunterschied:**
  200 Meter.

- **Grill-/Spielplätze:**
  Mauterswiese, Stadtreitereiche, Jägersitz, Rotes Tor, Goldersbachklause.

- **Sonstiges:**
  Die Tour verläuft auf befestigten Forstwegen, ein Teil auf der Landstraße.

- **Einkehrmöglichkeiten:**
  Pfrondorf, Lustnau, Goldersbachklause.

# Von Herrenberg zur Königsjagdhütte

## *Herrenberger Waldfriedhof – Kayher Sattel – Königsjagdhütte – Goldersbachtal – Herrenberger Waldfriedhof*

**Schön an dieser Radwanderung ist, dass man sich zu großen Teilen im schattigen Wald bewegt. Vor allem in der heißen Jahreszeit wird man dies zu schätzen wissen. Zudem durchfährt man das schöne Goldersbachtal mit seinen vielen Teichen und zahllosen Grill- und Rastmöglichkeiten.**

**Ausgangspunkt:**

Herrenberger Waldfriedhof. Wer mit der S-Bahn anreist, radelt erst in Richtung Zentrum zur Hindenburgstraße, auf dieser ostwärts und biegt dann in die mit »Hildrizhausen/Waldfriedhof« bezeichnete Straße ein. Man kann zum Waldfriedhof auch die in Tour 29 beschriebene Strecke durch die Stadt nehmen.

**Wegverlauf:**

Wir lassen den *Waldfriedhof* rechts liegen und kommen kurz darauf zu einem Wildgehege. Hier biegen wir rechts ab, gleich darauf am Ende der »Verkehrsinsel« nach links (Wanderzeichen Eule). Auf diesem Weg bleiben wir, an einer Verzweigung halten wir uns rechts und wo ein mit blauem Kreuz bezeichneter Weg nach rechts abgeht, fahren wir nach links bergab. Nun folgt eine scharfe Rechtskurve und kurz darauf sind wir am *Mönchberger Sattel* (siehe Seite 57). Jetzt orientieren wir uns am Schild »Sportplatz«, rollen links am Sportplatz vorbei (Lormannweg) und biegen kurz darauf an einer Querstraße nach rechts ab zum *Kayher Sattel.*

Hier halten wir uns links in das *Kayher Sträßle* (roter Strich) und fahren bis zu einer Hütte, wo es nach rechts abgeht. Kurz darauf können wir nach rechts (ohne Rad bzw. schieben!) einen Abstecher zur ehemaligen *Burg Müneck* (siehe Seite 60) machen. Hier haben wir eine

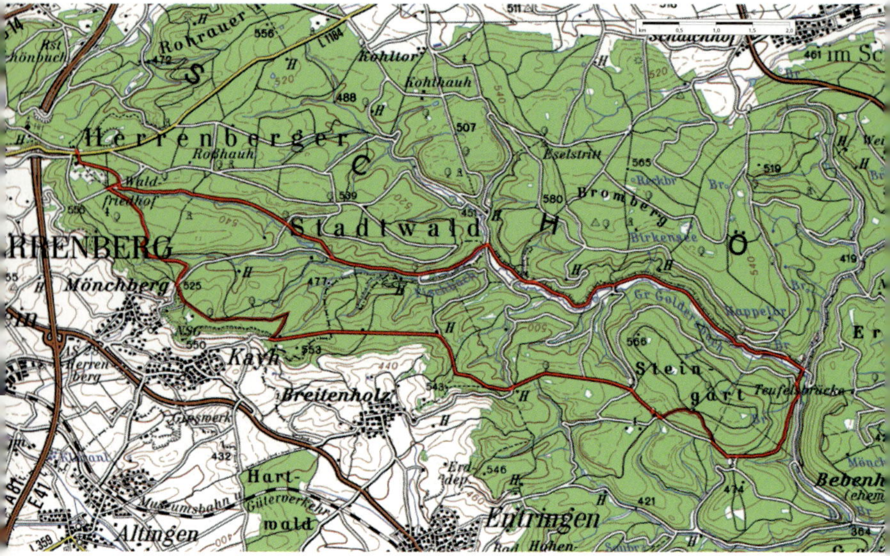


herrliche Aussicht ins Ammertal und zur Alb. Bald kommen wir durch ein Gatter (Spielplatz). Nun geht es geradeaus weiter, vorbei an der *Paulineneiche,* der *Kaiserlinde* und einer Wellingtonie (siehe Seite 69).

Die **Paulineneiche** erinnert an zwei Frauen aus dem Hause Württemberg: die dritte Frau König Wilhelms I., die Tochter des Herzogs Ludwig von Württemberg, und die Tochter König Wilhelms II. aus erster Ehe mit Marie von Waldeck.

An der **Kaiserlinde** wurde beim Besuch Kaiser Wilhelm II. am 7. November 1893 die Jagdstrecke gelegt.

Danach erreichen wir die *Konrad-Münst-Eiche* (siehe Seite 50). Hier nehmen wir den nach links hochgehenden *Neuen Jagdhüttenweg* zur *Königsjagdhütte* (siehe Seite 48). Auch hier haben wir nochmals eine schöne Aussicht. Dahinter geht es wieder bergab. An der nächsten Verzweigung biegen wir nach links ab zur *Teufelsbrücke* (siehe Seite 91).

Jetzt geht es wieder nach links, wir orientieren uns nun an der Beschilderung nach Herrenberg. Hier sind wir im idyllischen *Goldersbachtal* (siehe Seite 41). Es gibt jede Menge Grill- und Rastplätze, der Bach schlängelt sich mal links, mal rechts des Wegs, hin und wieder ist ein kleiner Teich zu entdecken. Später befindet sich rechts des Wegs noch ein Bannwaldgebiet, wo umgefallene Bäume liegen bleiben und langsam vermodern – ein überaus romantischer Anblick.

*Bei der Königsjagdhütte hat man eine weite Aussicht zur Schwäbischen Alb.*

Nach dem *Soldatengrab* (siehe Seite 42) bleiben wir rechts, am Rast- und Spielplatz *Neue Brücke* orientieren wir uns mit dem blauen Punkt nach links. Bei der Verzweigung vor dem *Sommertalweiher* halten wir uns rechts und kommen zur *Fresseiche* (siehe Seite 62). Nach kurzem Anstieg kommen wir wieder zur »Verkehrsinsel« am Wildgehege und fahren auf bekanntem Weg zurück.

**Länge:**
25 Kilometer.

**Zeit:**
3 Stunden.

**Höhenunterschied:**
200 Meter.

**Grill-/Spielplätze:**
Goldersbachtal.

**Sonstiges:**
Die Tour verläuft ausschließlich auf Forstwegen.

**Verkehrsmittel:**
S-Bahn. Startet man direkt in Herrenberg, so bedeutet das hin und zurück etwa je vier Kilometer mehr, und es kommen etwa hundert Höhenmeter dazu.

**Einkehrmöglichkeiten:**
Vereinsgaststätten Mönchberger und Kayher Sattel, Mönchberg, Naturfreundehaus am Waldfriedhof.

# Durchs Ammertal nach Tübingen

## *Herrenberg – Kayh – Breitenholz – Entringen – Unterjesingen – Tübingen*

**Auch diese Tour führt uns durch das idyllische Ammertal. Man kann's gemütlich angehen lassen, denn Höhenunterschiede beschert sie uns kaum. Und unterwegs können wir in den Orten das eine oder andere interessante Gebäude ansehen oder auch in einer Gastwirtschaft einkehren. Familien mit Kindern bietet diese Tour Umstiegsmöglichkeiten in die Ammertalbahn ab Entringen in allen Ortschaften bis Tübingen.**

In Herrenberg empfiehlt sich vor Antritt der Fahrt unbedingt ein Besuch des Marktplatzes, einem der schönsten Württembergs. Folgen Sie in diesem Falle dem Herrenberger Innenstadt-Besucherleitsystem zum Marktplatz. Dann orientieren Sie sich zur Mariengarage und nehmen dort in der Marienstraße den Radweg Richtung »Schönbuch« bzw. »Tübingen« wieder auf.

Wer möchte, kombiniert diese Radtour mit Tour 26 und hat dadurch die Gelegenheit, das Ammertal in all seinen Facetten kennen zu lernen.

**Ausgangspunkt:**
Herrenberg (Bahnhof).

**Wegverlauf:**
Vom *S-Bahnhof* aus (bei Gebäude Bahnhofstraße 13) folgt man der Radwegbeschilderung »Schönbuch« bzw. »Tübingen«, kommt zuletzt am östlichen Stadtrand von Herrenberg am Kreiskrankenhaus und am Hallenbad vorbei und stößt dann auf die B 28.

Neben der Straße (B 28) nehmen wir den in unserer Fahrtrichtung rechts verlaufenden Radweg bis zur ersten, die Straße überquerenden Brücke. Diese benutzen wir und fahren dann gleich wieder rechts weiter entlang der Straße bis nach der Autobahn. Danach rollen wir ein Stück auf dem Radweg der links der Bundesstraße verlaufenden Straße bis *Kayh*.

*Die abwechslungsreiche Landschaft zwischen Ammertal und Schönbuch*

**Kayh** (Höhe: 435 m)

Der Ort liegt malerisch am Fuß des Schönbuchs. Der Vorgängerbau der evangelischen **Stadtkirche Unsere liebe Frau** wurde 1416 als »capella« erstmals erwähnt, die heutige spätgotische Anlage stammt von 1487. Kirche und Kirchhof waren früher befestigt, was auch an der Ummauerung (mit Schießscharte) erkennbar ist. Das ehemalige **Pfarrhaus** mit Krüppelwalmdach und massivem Erdgeschoss wurde 1748 neu errichtet. Das eindrucksvolle **Rathaus** (1550/55) ist ein alemannischer Fachwerkbau mit Verblattungen. Kayh bietet bis heute ein relativ geschlossenes altes Ortsbild mit noch einigen weiteren typischen **Fachwerkhäusern**, so zum Beispiel die 1339 erstmals erwähnte **Fachwerk-Zehntscheuer** (17./18. Jahrhundert) oder die **Obere Kelter** (Ende 16. Jahrhundert), die letzte von ursprünglich vier. Sie wurde nach Beendigung des Weinbaus als Armenhaus, Schafhaus, Farrenstall und Gemeindewaschküche genutzt. 1999 renoviert, dient sie nun als Bürger- und Vereinshaus. Im Heimatmuseum **Seegersches Häusle,** Hauptstraße 17, sind Alltagsgegenstände des bäuerlichen Lebens ausgestellt. Auskunft: Telefon (0 70 32) 7 17 10, Herr Hünemörder. Öffnungszeiten: 1. Mai 11–17 Uhr, Juni bis Oktober jeweils am ersten Sonntag im Monat 15–17 Uhr.

Wir fahren durch Kayh hindurch in Richtung »Tübingen«. Kurz vor der Einmündung der Straße in die B 28, an dem von rechts einmündenden Feldweg, biegen wir auf den Feldweg nach links ein und folgen diesem bis zur Straße nach Breitenholz. Wir biegen hier links ein und kommen nach *Breitenholz,* einen weiteren heimeligen kleinen Ort mit einigen alten Gebäuden, den wir auf gekennzeichnetem Radweg durchfahren.

**Breitenholz** (Höhe: 386–506 m)

In der evangelischen **Pfarrkirche Heiligkreuz und Sankt Wendelin** befindet sich ein Stein mit der Jahreszahl 1577. Der Kirchturm stammt aus dem 14. Jahrhundert, die Fundamente sind wahrscheinlich noch älter. Sehenswert sind das

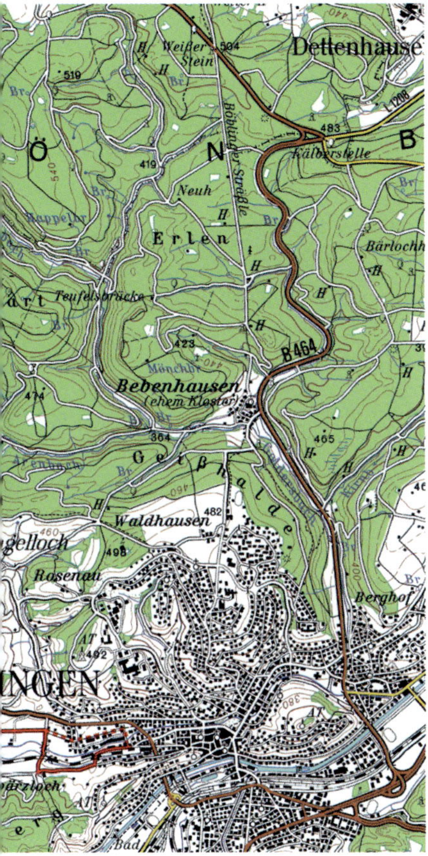


alte **Pfarrhaus,** das zum Teil aus dem 16. Jahrhundert stammt, das **Gasthaus Lamm** mit Krüppelwalmdach, das **Badehaus** (um 1600) und verschiedene **Fachwerkhäuser.**

An der Rechtskurve kurz nach dem Dorf radeln wir nach links von der Landstraße ab und auf dem Feldweg nach *Entringen* (siehe Seite 67). Kurz nach dem Ortsbeginn von Entringen halten wir uns an das nach rechts weisende Radwegschild nach »Tübingen«. Gleich darauf biegen wir nach links in die Zeppelinstraße ab und fahren auf ihr bis zum Ortsende, hier geht es nach rechts über die Bahngleise, dann gleich wieder nach links. Wir fahren entlang der Gleise, müssen uns nach einem abfallenden Teilstück des Weges an der Weggabelung links halten und kommen nach Pfäffingen.

**Pfäffingen** (Höhe: 345–515 m)

Die 1275 erstmals erwähnte **Pfarrkirche Sankt Michaeli** wurde 1711 unter Verwendung älterer Teile als Saalkirche erbaut. Das malerische kleine Kirchlein mit dem zierlichen Fachwerktürmchen, geschützt von einem mächtigen Baum und inmitten einer kleinen Grünfläche, macht einen überaus heimeligen Eindruck. Sehenswert sind die Renaissance-Grabmäler der Herren von Gültlingen (16. Jh.). Das Dorf bietet ein nettes Ortsbild mit einigen **Fachwerkhäusern.**

Nach den ersten Häusern erreichen wir den *Bahnhof,* nach ihm biegen wir nach rechts ab (Schild »Ortsmitte«). Wo es nach rechts zur Kirche ginge, orientieren wir uns nach links in den Wiesweg und verlassen auf ihm den Ort. Gleich danach unterfahren wir Stromleitungen, queren den Hohenzollernradweg, kommen an Sportplätzen vorbei und erreichen die von Unterjesingen (siehe

*Das Ammertal wird von gut beschilderten Radwegen durchzogen, die prächtige Touren unterschiedlicher Länge durch die vielseitige Landschaft am südlichen Schönbuchrand ermöglichen.*

Seite 72) nach Wurmlingen führende Straße.

Wir überqueren sie und fahren dahinter mit dem Radschild nach »Tübingen« geradeaus weiter. Nach einiger Zeit knickt der Weg nach links ab zur *Unteren Mühle,* hinter der Bahnlinie führt er wieder nach rechts weiter. Wir rollen auf diesem Sträßchen, die Domäne Ammern rechts oben liegen lassend, bis kurz vor Tübingen. Nun führt nach rechts eine Asphaltstraße hoch zum *Schwärzlocher Hof* (siehe Seite 75). Hier lockt eine Einkehr, zumindest aber sollte man einen Blick in den Hof werfen. (Wer gleich nach Tübingen will, biegt direkt vor den Gleisen der Ammertalbahn nach links in den Feldweg ein.)

Vor dem Anwesen biegen wir nach links ab und rollen mit schönem Blick auf das Ammertal, bis der Weg nach links abknickt; nach den Bahngleisen halten wir uns rechts zum *Tübinger Westbahnhof.*

**Länge:**
19 Kilometer.

**Zeit:**
2 Stunden.

**Höhenunterschied:**
200 Meter.

**Grill-/Spielplatz:**
Beim Bahnhof Unterjesingen.

**Sonstiges:**
Die Tour verläuft auf asphaltierten Wegen.

**Verkehrsmittel:**
Herrenberg: Bahn, S-Bahn; Tübingen: Bahn; zwischen beiden Orten verkehrt die Ammertalbahn.

**Einkehrmöglichkeiten:**
Herrenberg, in den Orten unterwegs, Schwärzlocher Hof, Tübingen.

# Von Tübingen durch das Ammertal nach Herrenberg

*Tübingen – Unterjesingen – Wurmlinger Kapelle – Poltringen – Reusten – Altingen – Gültstein – Herrenberg*

**Bei dieser Tour fahren wir gemütlich durch das idyllische Ammertal – es wurde schon einmal »schwäbisches Arkadien« genannt – nach Herrenberg. Die kleinen Orte, die man unterwegs durchfährt, lohnen eine kurze Unterbrechung; am Ende der Tour lädt Herrenberg zu einem ausgiebigen Stadtbummel ein. Wer möchte, kann einen Abstecher hoch zur Wurmlinger Kapelle machen und wird dort mit prächtiger Aussicht belohnt.**

Radler mit Kondition können diese Radwanderung gut mit Tour 25 zu einer Rundtour kombinieren. Die beiden Touren zusammen sind auch eine ideale Unterbrechung des in Tübingen vorbeiführenden Neckartalwegs (Villingen-Schwenningen–Mannheim) – ein Tagesabstecher nach Herrenberg lohnt sich! Den Tübinger Westbahnhof, den Ausgangspunkt der Tour, erreichen Sie problemlos über die (aus Fahrtrichtung Rottenburg kommend) erste Neckarbrücke und den für Fußgänger und Radfahrer reservierten »Schlossbergtunnel«. Dahinter biegen Sie links in den Schleifmühleweg ein, der Sie direkt zum Westbahnhof bringt.

■ **Ausgangspunkt:**
Tübingen, Westbahnhof.

■ **Wegverlauf:**
Zu Beginn bieten sich zwei Möglichkeiten an. Wer es etwas schneller oder bequemer auf breitem, gut ausgebautem und asphal-

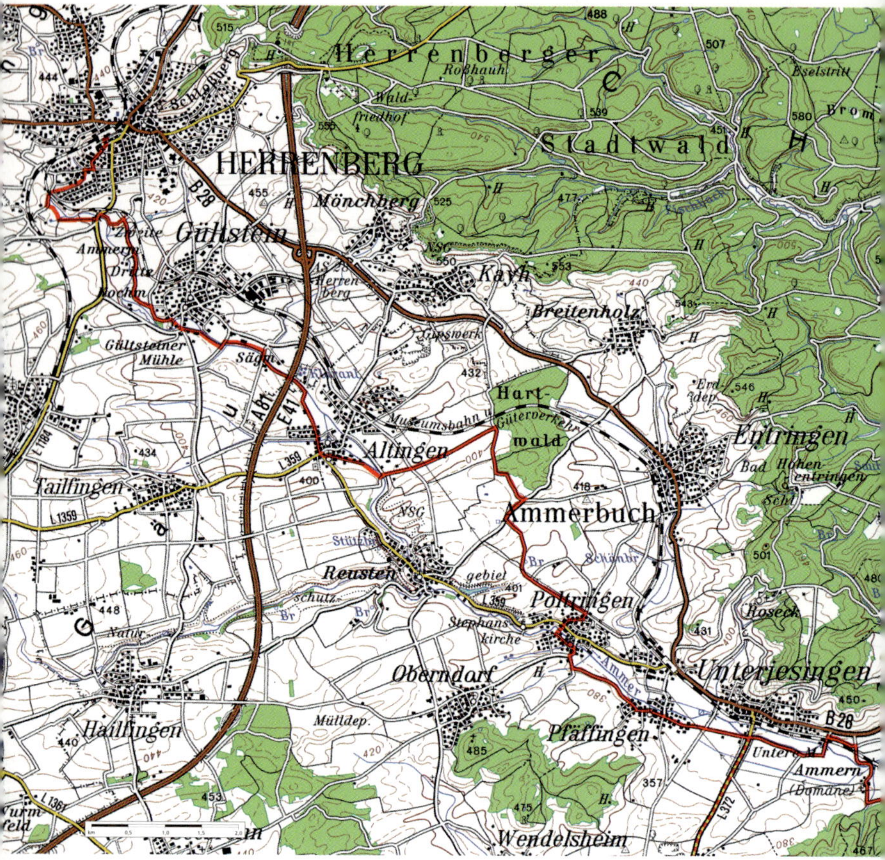


tiertem Talweg haben möchte (zum Beispiel Familien mit Kindern), folgt gleich beim Westbahnhof der mit »Herrenberg« ausgeschilderten Strecke. Diese vereinigt sich wieder kurz vor Unterjesingen mit der hier empfohlenen, landschaftlich interessanteren Tour.

Wir fahren am *Westbahnhof* auf dem Schleifmühleweg noch kurz stadtauswärts, überqueren dann die Gleise nach links aufwärts und biegen dahinter nach rechts ab zum *Schwärzlocher Hof* (siehe Seite 75), den wir auf aussichtsreichem Weg erreichen.

Wer möchte, kann einen Blick in den Hof werfen. Wir radeln geradeaus weiter und erreichen nach einem scharfen Rechtsknick *Ammern* (siehe Seite 73). Wir durchfahren die Domäne und überqueren kurz dar-

auf die Schienen der Ammertalbahn. Hier treffen wir wieder auf den in der Talaue verlaufenden Radweg aus Tübingen und es geht nach links weiter in Richtung Unterjesingen (siehe Seite 72).

Vor den ersten Häusern von Unterjesingen folgen wir der Radwegbeschilderung »Herrenberg« und überqueren dabei die Bahngleise und die Ammer. (Wer zur Haltestelle der Ammertalbahn oder zum dort vorhandenen Kinderspielplatz möchte, fährt ein kleines Stück geradeaus. Wenn wir dann weiterradeln, kommen wir zur Landstraße, die nach links nach Wurmlingen führt. Wir halten uns dort links, dann, nachdem wir die Ammer überquert haben, rechts und befinden uns jetzt wieder der normalen Strecke). Wir überqueren die Straße von Unterjesingen nach Wurmlingen. Der Weg führt uns nach *Pfäffingen.*

Vorher sei aber noch ein Abstecher empfohlen: Die berühmte *Wurmlinger Kapelle* (siehe Seite 74), die wir schon lange links des Weges gesehen haben, lockt! Wer sie besuchen möchte, fährt parallel zur Straße von Unterjesingen nach Wurmlingen und dort zur links von der Durchgangsstraße liegenden Kirche. Hinter ihr wendet man sich mit dem Wanderzeichen roter Strich nach links. Gleich darauf an der Linde geht es nach rechts etwas hinab zur Gastwirtschaft, dann aber steil hinauf. Schieben oder das Rad unten am Berg stehen lassen, ist bei diesem Wegstück keine Schande! Wenn wir die Aussicht genossen haben, geht es zurück nach Wurmlingen. Nach dem Ort wechseln wir wieder auf den Radweg neben der Straße und radeln bis vor *Unterjesingen,* wo wir nach links in den Radweg einbiegen, der uns nach *Pfäffingen* (siehe Seite 117) bringt.

Durch Pfäffingen fahren wir geradeaus hindurch und folgen an der Kreuzung nicht der nach rechts zeigenden Radwegbeschilderung »Herrenberg«, weil diese über Entringen am Fuße des Schönbuchs dorthin führt, sondern zunächst der Beschilderung Richtung »Oberndorf«. Vor den ersten Häusern von Poltringen (siehe Seite 137) fahren wir dann nicht nach Oberndorf, sondern biegen an diesem ersten Querweg noch vor dem Ort rechts ab, an der Durchgangsstraße gleich darauf nochmals.

Nach einigen Metern biegen wir nach links ein und fahren dort an Kirche und Turnhalle vorbei bis zum Ende der Straße. Dort halten wir uns dann rechts. Die Straße bringt uns hinauf zur nächsten Durchgangsstraße, die wir überqueren (hier befindet sich die *Bushaltestelle »Rathaus«)*. Die dortige Entringer Straße führt nun etwas bergan.

Nach einem Brunnen mit Entenfiguren fahren wir in einem weiten Bogen bis zum Ortsende. Wir biegen nach links in die Straße Ziegeläcker ein und folgen dem Feldweg, lassen rechts den Sportflugplatz (an Wochenenden meist bewirtschaftet) liegen, an der Weggabelung halten wir uns links bis zur nächsten Landstraße vor den ersten Häusern von Reusten. Diese überqueren wir und folgen der Radwegbeschilderung durch das Wohngebiet Wolfsberg.

Am Ortsrand von Reusten sehen wir dann in der Ferne bereits unser Ziel: Herrenberg mit seinem Wahrzeichen, der Stiftskirche. Wir fahren in Richtung Altingen bis zum Feldkreuz nach dem abschüssigen Wegverlauf. Dort halten wir uns links und rollen bis über die Ammerbrücke. Gleich danach biegen wir rechts ab und kommen vorbei an Schule und Kirche. Bei der Kirche halten wir uns rechts.

**Altingen** (Höhe: 373–551 m)

Die katholische **Kirche Sankt Magnus** aus dem 12./13. Jahrhundert wurde im 14. Jahrhundert spätgotisch umgebaut. Im Kern handelt es sich aber um eine frühere romanische Wehrkirche, erkenntlich ist dies unter anderem am ummauerten, burgartigen Kirchhof. Im unteren Teil des hochgotischen Chorturms kann man noch Schießscharten erkennen, der Turm besitzt auch schöne Maßwerkfenster. Das so genannte **Schwedenhaus** ist ein mächtiger Fachwerkbau von 1680, sehenswert sind auch noch weitere **Fachwerkhäuser.**

Wir überqueren die Durchgangsstraße und radeln dahinter geradeaus weiter, bald entlang der Ammer bis *Gültstein*.

**Gültstein** (Höhe: 400 m)

Die romanische **Pfarrkirche Sankt Petrus** ist eine ehemalige Wehrkirche auf der Spitze eines Hügels. Sie wurde Ende des 12. Jahrhunderts vom Kloster Hirsau erbaut. Der Ort besitzt noch einige bemerkenswerte alte Häuser, teilweise mit Wappensteinen des früher hier einflussreichen Klosters Hirsau. Von

*Altingen liegt inmitten der fruchtbaren Gäulandschaft.*

den früheren **Mühlen** sind noch die barocke Unsöldmühle und die Kochmühle (1765) erhalten. Sehenswert ist auch das romanisch historisierende **Schloss** (1906) der Familie Kapp. Aus dem Ort stammte der Eisenbahnpionier Dr. h. c. Otto Kapp, der später in den Adelsstand erhoben wurde und sich dann Kapp von Gültstein nannte. Er baute Eisenbahnen in Serbien, Griechenland, Türkei, ja sogar in China.

Wir überqueren die von Tailfingen kommende Landstraße, fahren dort weiter, kommen nach links in den Gänsbergring und fahren geradeaus weiter, aus dem Ort hinaus. Nach einer Rechtskurve kommen wir zu einem Feldweg, in den wir, dem Radwegschild »Herrenberg« folgend, nach links einbiegen.

Nun radeln wir entlang der *Ammer* und vorbei an den *Ammermühlen* bis kurz vor die B 14, hier orientieren wir uns am Radschild nach »Haslach« links und kommen an der Zweiten Ammermühle vorbei zur Bundesstraße. Wo das Sträßchen nach »Haslach« abgeht,

*Zwischen Herrenberg und Tübingen verkehrt die Ammertalbahn.*

halten wir uns an das Radwegschild und rollen entlang des Baches bis zur *Ammerquelle* (siehe Seite 100), die sich vor einem querenden Weg befindet.

An der Ammerquelle orientieren wir uns rechts, danach vor dem *Talhof* nochmals rechts. Ab nun können wir uns auch an die gelbblaue Raute des Schwarzwaldvereins halten. Nach der Eisenbahnbrücke fahren wir links der Ammer auf dem Falkenweg bis zur querenden Raistinger Straße, hier biegen wir nach rechts ab und kommen zur Walter-Knoll-Straße. Wir fahren nach links, dann geht es in einem großen Rechtsbogen hoch bis zum *Herrenberger Bahnhof*.

**Länge:**
22 Kilometer.

**Zeit:**
2 Stunden.

**Höhenunterschied:**
200 Meter.

**Grill-/Spielplatz:**
Vor der Wurmlinger Kapelle, beim Bahnhof Unterjesingen.

**Sonstiges:**
Die Tour verläuft auf befestigten Forst- und Feldwegen.

**Verkehrsmittel:**
Tübingen: Bahn; Herrenberg: Bahn, S-Bahn; zwischen beiden Orten verkehrt die Ammertalbahn.

**Einkehrmöglichkeiten:**
In den Orten unterwegs, Herrenberg.

# Durchs Ammertal ins Gäu

## *Tübingen – Pfäffingen – Oberndorf – Hailfingen – Nebringen – Haslach – Herrenberg*

**Wir beginnen die Tour in Tübingen. Dann geht's in munterem Auf und Ab am Rande des Gäus nach Herrenberg, einer der schönsten Fachwerkstädte des Landes. Wer's kürzer haben möchte, beginnt die Tour in Pfäffingen. Das Ammertal bezaubert durch reizvolle Landschaftseindrücke und sehenswerte Orte.**

- **Ausgangspunkt:**
  Tübingen, Westbahnhof.

- **Wegverlauf:**

Wir fahren am Westbahnhof auf dem Schleifmühleweg noch kurz stadtauswärts, überqueren dann die Gleise nach links aufwärts und biegen dahinter nach rechts ab zum *Schwärzlocher Hof* (siehe Seite 75). Hier halten wir uns rechts, hinab ins Tal, wo wir nach der Überquerung der *Ammer* (siehe Seite 100) nach links abbiegen, hinein ins Landschaftsschutzgebiet. Beim Bahnhof *Unterjesingen* (siehe Seite 72) werden wir mit dem Radwegschild nach links verwiesen, gleich danach geht es wieder nach rechts parallel der Gleise weiter bis zur Landstraße, die nach links nach Wurmlingen führen würde. Wir halten uns links, dann gleich wieder rechts und kommen nach *Pfäffingen* (siehe Seite 117).

Wer in Pfäffingen startet, hält sich nach Verlassen der Bahnstation kurz rechts, biegt aber gleich nach rechts in die Lange Gasse in Richtung »Ortsmitte« ab. Man fährt nun, bis der von Tübingen kommende Radweg kreuzt und biegt hier nach rechts ab.

Wir fahren durch die Dorfstraße in Richtung »Oberndorf«. Nach dem Ort geht es durch Felder bis zu einer Querstraße, die nach rechts nach Poltringen führen würde. Wir halten uns aber links. Der Weg knickt gleich darauf nach rechts ab und steigt gemächlich an. Später geht es noch einmal nach rechts, dann nach links nach *Oberndorf*.

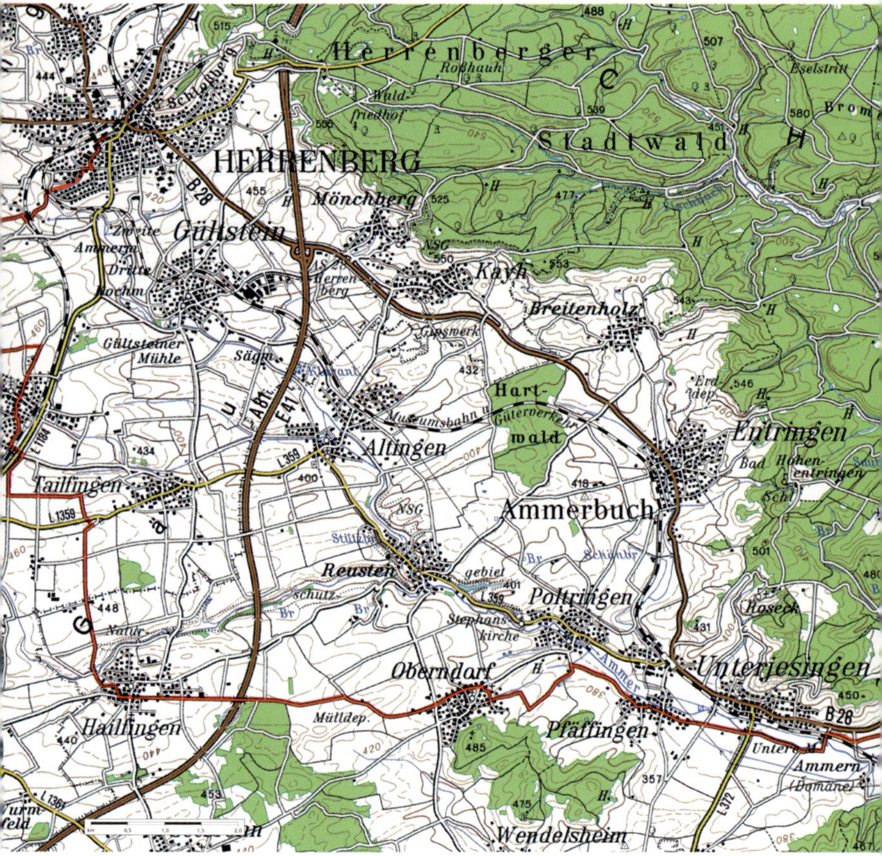


**Oberndorf** (Höhe: 280-485 m)

Die **Pfarrkirche Sankt Ursula** besitzt einen gotischen polygonalen Chor mit Kreuzrippengewölbe aus dem 15. Jahrhundert. Sehenswert ist der berühmte spätgotische »Oberndorfer Altar«, ein hervorragender Schnitzaltar aus der Zeit um 1500.

Wir biegen mit dem Radwegschild nach rechts in die Bürgermeister-Biesinger-Straße ab, die uns zur Durchgangsstraße bringt. Hier halten wir uns links. Am Ortsende nach dem Kreisverkehr fahren wir geradeaus weiter. Bald darauf steigt es etwas an zu einer Kuppe, danach fällt es wieder. An der Verzweigung nach der links des Wegs stehenden Scheune halten wir uns links.

Wir kommen zu einer Waldecke, danach nach *Hailfingen*. Hier

fahren wir geradeaus durch bis zur Öschelbronner Straße, in die wir nach rechts einbiegen, gleich darauf halten wir uns nach links. An der folgenden Verzweigung fahren wir rechts, entlang des Grabens und der Häuser bis zu einer Baumreihe. Am Feldkreuz fahren wir rechts vorbei.

Es geht nun bis kurz vor die von *Tailfingen* kommende Landstraße. Vor ihr müssen wir an der Querstraße nach rechts abbiegen, gleich darauf vor dem Hundesportplatz nach links. Wir überqueren die Landstraße und fahren bis zum nächsten Querweg, auf ihm halten wir uns links. Wir radeln nun, bis es nicht mehr weitergeht, dann rollen wir nach rechts hinab bis zur Landstraße.

Auf ihr halten wir uns links, unterqueren Bundesstraße und Bahnlinie, dahinter geht es nach rechts hinauf bis zur Durchgangsstraße von *Nebringen*. Wir radeln auf ihr kurz nach rechts; wo sie nach rechts zieht, fahren wir in der Herrenberger Straße geradeaus weiter. Wir kommen am *Friedhof* vorbei und biegen nach ihm nach links ab bis zum Waldrand, wo wir uns rechts halten.

Mit etwas Auf und Ab radeln wir bis vor *Haslach*. Vor dem Ort geht es nochmals hinab, dann behalten wir unsere Richtung bei und schnaufen steil hinauf. Nach einem Rechtsknick erreichen wir die Durchgangsstraße. Etwas nach rechts versetzt biegen wir nach links in die Hohe-Wacht-Straße ein. Es geht nun hinab bis zur nächsten Querstraße (Achalmstraße), auf ihr fahren wir nach rechts bis zur Landstraße. Wir überqueren sie und biegen nach dem nächsten Haus nach rechts ab. Es geht nun steil hinab zu einem Kieswerk.

Nach ihm geht es nach links unter der Bahnlinie hindurch. Kurz nach dem links liegenden Talhof

*Wer durchs Ammertal radelt, hat immer wieder schöne Blicke zur Wurmlinger Kapelle, die auf einem Ausläufer des Spitzbergs thront.*

können wir nach rechts einen kurzen, auf jeden Fall lohnenden Abstecher zur *Ammerquelle* (siehe Seite 100) machen.

Ansonsten unterqueren wir die nächste Bahnbrücke und radeln dahinter zwischen Häusern und Bach auf dem Falkenweg bis zu einer Querstraße. Hier halten wir uns kurz rechts, dann biegen wir nach links ab und fahren hoch zum Herrenberger Bahnhof, der nach der Kirche links der Straße liegt.

■ **Länge:**
24 Kilometer; ab Pfäffingen: 18 Kilometer.

■ **Zeit:**
2 bis 3 Stunden.

■ **Höhenunterschied:**
250 Meter.

■ **Zusätzliche Karte:**
Wanderkarte 1 : 50 000 des Landesvermessungsamts, Blatt 3, »Bad Wildbad – Freudenstadt«

■ **Sonstiges:**
Die Tour verläuft auf asphaltierten Wegen.

■ **Verkehrsmittel:**
Ammertalbahn oder Bahn bis Tübingen, S-Bahn ab Herrenberg.

■ **Einkehrmöglichkeiten:**
Tübingen, Schwärzlocher Hof, in den Orten unterwegs, Herrenberg.

# Von Tübingen nach Herrenberg

*Tübingen – Schwärzloch – Großes Goldersbachtal – Sommertal – Herrenberg*

**Bei dieser Radtour durchqueren wir den Schönbuch von Tübingen nach Herrenberg, von wo wir mit der Ammertalbahn wieder zum Ausgangspunkt zurückkehren können. Der erste Teil führt uns durch ein recht einsames Waldgebiet ins Goldersbachtal, danach fahren wir durch eines der beliebtesten und schönsten Schönbuchtäler, das entsprechend belebt ist.**

■ **Ausgangspunkt:** Tübingen, Westbahnhof.

■ **Wegverlauf:** Wir fahren am Westbahnhof auf dem Schleifmühleweg nach Westen bis zum Ortsende, biegen hier nach links ab und nach kurzem Anstieg nach rechts, »Schwärzloch« ist bereits angeschrieben. Nach wenigen Minuten

*Der Schwärzlocher Hof – ein beliebtes Ausflugsziel direkt vor den Toren Tübingens im Ammertal*

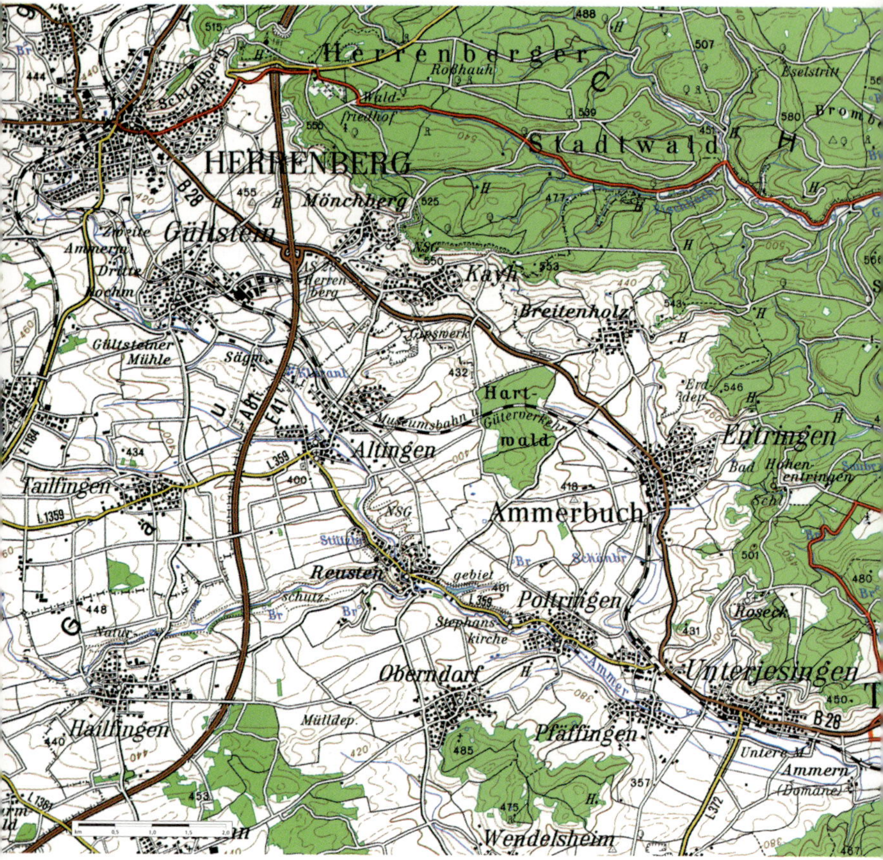


sind wir auch schon am *Schwärzlocher Hof* (siehe Seite 75).

Hier biegen wir nach rechts ab und rollen bis zu einem vorfahrtsberechtigten Sträßchen kurz vor der Landstraße. Wir orientieren uns nach links und fahren immer geradeaus.

Nachdem wir den kleinen Himbach überquert haben, müssen wir aufpassen: Nach etwa 600 Metern, am übernächsten nach rechts abgehenden Weg, fahren wir zur belebten Landstraße (Achtung beim Überqueren!) und ein paar Meter nach links versetzt auf der anderen Seite hinein ins *Himbachtal*.

Wir folgen dem Weg praktisch immer geradeaus. Anfangs steigt er nur leicht an. Bald kommen wir in den Wald, dann wird es etwas steiler; wir müssen nur immer darauf

achten, auf dem Hauptweg zu bleiben und nicht nach rechts oder links abzuzweigen.

Schließlich treffen wir nach einigen Windungen auf der Höhe einen markierten Wanderweg. Wir überqueren ihn, biegen am Sträßchen dahinter nach rechts ab und fahren bis zu einem Parkplatz. Hier biegen wir nach links in den *Krummenweg* ein.

Vor dem Tor, das in den Naturpark führen würde, nehmen wir den nach rechts abgehenden *Hagellocher Grenzweg*. Mit vielen Kurven und leicht bergab radeln wir auf ihm bis zu einem Querweg (Waldabteilungsschild: »III Geißhalde 21 Frauensteingrube«), hier halten wir uns links und kommen durch einen Wald, der ein bisschen an den Schwarzwald erinnert, bis zu einem Sträßchen, das mit dem roten Punkt markiert ist. Auf ihm fahren wir nach links hinab ins *Goldersbachtal* (siehe Seite 41).

Am *Geschlossenen Brunnen* (siehe Seite 48) gleich darauf biegen wir nach rechts ab, auch an der Verzweigung an der *Tellerbrücke* halten wir uns rechts und kommen zum »Knotenpunkt« *Teufelsbrücke* (siehe Seite 91).

Hier radeln wir links am Weiher entlang ins *Große Goldersbachtal* hinein. Immer auf dem Talweg bleibend erreichen wir schließlich die *Neue Brücke,* wo wir den Naturpark wieder verlassen. Wir fahren mit dem Wanderzeichen blauer Strich nach links in Richtung »Herrenberg«. Vor dem *Sommertalweiher* verzweigt sich der Weg, wir halten uns mit dem blauen Punkt nach rechts.

Nun steigt es erst gemächlich, später etwas steiler an durch das *Sommertal*. Auf der Höhe stoßen wir auf ein »Verkehrsdreieck«; hier fahren wir nach rechts, und dann links am Wildgehege vorbei zum *Herrenberger Waldfriedhof*. Vor der

Straße nehmen wir den parallel zu ihr nach links steil hinabführenden Weg. Er bringt uns direkt nach *Herrenberg*. An der *B 28* biegen wir nach rechts ab und an der großen Kreuzung an der Ampel geht es nach links zum *Bahnhof*.

- **Länge:**
  29 Kilometer.

- **Zeit:**
  2 bis 3 Stunden.

- **Höhenunterschied:**
  300 Meter.

- **Grill-/Spielplätze:**
  Verschiedene Plätze im Goldersbachtal.

- **Sonstiges:**
  Die Tour verläuft auf befestigten Feld- und Forstwegen.

- **Verkehrsmittel:**
  Ammertalbahn, S-Bahn bis Herrenberg, Bahn.

- **Einkehrmöglichkeiten:**
  Tübingen, Schwärzlocher Hof, Naturfreundehaus am Herrenberger Waldfriedhof, Herrenberg.

# Vom Goldersbachtal ins Ammertal

## *Herrenberg – Goldersbachtal – Hagelloch – Wurmlingen – Wendelsheim – Oberndorf – Herrenberg*

**Diese Radtour bietet ganz verschiedene Erlebnisse: Zum einen viel Natur – man fährt durch die weiten Waldgebiete des Schönbuchs und durch das idyllische Goldersbachtal, dann, immer wieder mit weiter Aussicht, ins ebenso romantische Ammertal. Zum anderen ist auch kulturell einiges geboten: Man kann einen Abstecher nach Bebenhausen machen, es bietet sich ein kurzer Aufstieg zur Wurmlinger Kapelle an, man sieht unterwegs einige Kleindenkmäler, und die Orte, die man berührt, weisen alle die eine oder andere Besonderheit auf. Nicht zuletzt lockt Herrenbergs Fachwerkromantik zu einem Stadtbummel.**

- **Ausgangspunkt:**
  Herrenberg.

- **Wegverlauf:**

Vom *Bahnhof* aus fährt man auf der Bahnhofstraße bis zur Horber Straße, dort nach links zum Reinhold-Schick-Platz. Nun hält man sich auf der *B 14* nach links in Richtung Stuttgart. An der Ampel nach dem Einkaufszentrum am Nufringer Tor, wo ein Fußgängerüberweg über die Straße führt, biegen wir rechts in die Benzstraße ab, »Schlossberg« ist bereits angeschrieben. Gleich darauf fahren wir nach links, und etwas später nach rechts die Lämmleshalde hinauf. Eine Alternative ist, zum Herrenberger Marktplatz zu gehen und dann nach links die Stuttgarter Straße entlang. Allerdings ist hier Fußgängerzone. Die Fachwerkherrlichkeit entschädigt aber für das kurze Schiebestück. Am Ende der Altstadt zweigt von der Stuttgarter Straße nach rechts die Straße Am Joachimsberg ab, sie fahren wir hinauf. Nach einiger Zeit treffen wir

auch auf die Lämmleshalde. Nun strampeln wir, teilweise recht steil, vollends hoch bis zum Parkplatz am *Roten Meer* (siehe Seite 55), dahinter kommt ein etwas flacheres Stück, dann aber nochmals ein Anstieg bis zur *Jahnhütte*. Kurz dahinter erreichen wir das *Naturfreundehaus*.

Wir überqueren die Straße nach rechts zum *Waldfriedhof* und halten uns an ihm mit dem blauen Punkt links; als Richtung ist »Bebenhausen« angeschrieben. Gleich darauf

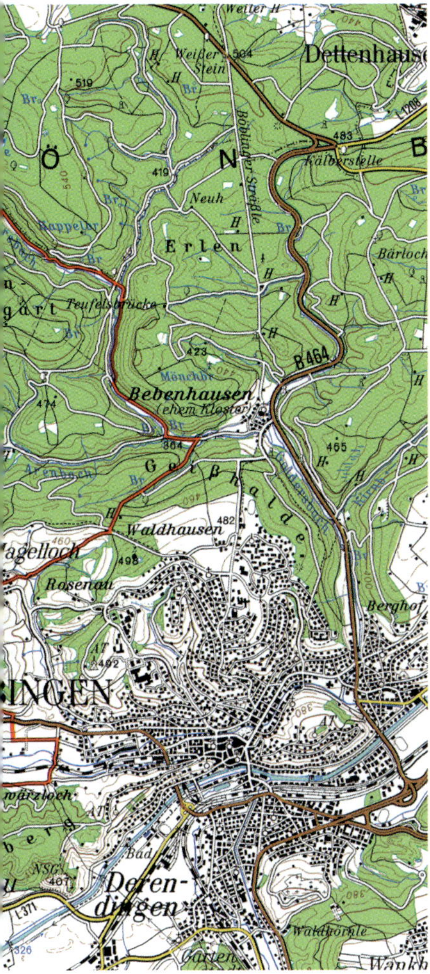


überqueren wir am Wildgehege einen Weg, nun geht es eine Zeit lang im *Sommertal* gemütlich bergab. Wir fahren an der *Fresseiche* (siehe Seite 62) vorbei, danach am *Sommertalweiher.* Jetzt radeln wir durch das *Kayher Tal* bis zur *Neuen Brücke,* wo wir uns an den zweiten nach rechts abgehenden Weg halten. Ab nun sind wir im *Goldersbachtal* (siehe Seite 41), es geht vorbei am *Soldatengrab* (siehe Seite 42) bis zur *Teufelsbrücke* (siehe Seite 91), ein Wegknotenpunkt, wo am Rast- und Grillplatz immer viel los ist. Wir behalten an der Kreuzung unsere Richtung bei, danach zieht der Weg nach rechts und bringt uns zum *Geschlossenen Brunnen* (siehe Seite 48). Hier biegen wir nach links ab.

Wer möchte, kann das kurze Stück bis Bebenhausen durchfahren und dort eine Rast oder eine »Kulturpause« einlegen. Ansonsten halten wir uns kurz nach dem Weiher rechts und folgen dem Weg mit dem roten Punkt in Richtung »Hagelloch«. Wir fahren auf dem *Bettelweg,* vorbei am Bettel-, dann am Vogelbrunnen, den zweiten Anstieg hinauf bis zum *Heuberger Tor,* wo wir den Naturpark und den Wald wieder verlassen.

Auf dem **Bettelweg** zogen früher die Hagellocher Einwohner einmal im Jahr nach Bebenhausen, um dort Almosen und ihr Armenbrot zu empfangen.

Der **Bettelbrunnen** wurde anlässlich der 900-Jahr-Feier der Stadt Tübingen gefasst.

Nach dem Rondell können wir es auf dem Sträßchen nach rechts bergab rollen lassen zum bereits sichtbaren *Hagelloch*. Kurz vor dem Ort müssen wir uns an der Einbahnstraße

*Im Ammertal stehen noch viele Wegkreuze.*

rechts halten. Wo wir auf die vorfahrtsberechtigte Straße treffen, die nach rechts Richtung Hohenentringen führt, halten wir uns kurz links, biegen aber gleich nach rechts in die Straße Wahlhau ein. Nach dem Ort fahren wir an der Scheune, nun wieder mit dem roten Punkt, geradeaus sehr steil in den Wald hinab bis zu einer querenden Straße im *Himbachtal*. Hier radeln wir nach links.

Nach wenigen Minuten an der Verzweigung nach der Bank und dem Schild »Landschaftsschutzgebiet« biegen wir nach links ab, überqueren den Bach und radeln, vorbei an einer Kleingartensiedlung, bis wir nach rechts zur *B 28* abknicken können.

Wir überqueren die stark befahrene Bundesstraße und rollen bis zur nächsten Querstraße; hier orientieren wir uns am nach links zeigenden Radwegschild nach »Tübingen«. Nach zwei kleinen Holzhütten biegen wir nach rechts ab. Wir fahren nun gerade auf die altbekannte »Mostburg« *Schwärzloch* (siehe Seite 75) zu. Vor den Gebäuden biegen wir nach rechts ab, nun geht es zur Domäne *Ammern* (siehe Seite 100). Der barocke Kirchturm der kleinen Kirche ist schon von weitem zu sehen. Direkt nach dem burgartig geschlossenen Areal des Gutes und vor dem Fachwerkhaus biegen wir in den Feldweg nach links ein. Auf ihm fahren wir, bis wir vor einem kleinen Biotop auf einen querenden Weg stoßen.

Hier biegen wir nach links in Richtung »Rottenburg« ab. Bald sind wir in *Wurmlingen* – wer möchte, kann hier einen Abstecher zur schon lange sichtbaren Kapelle (siehe Seite 74) machen. Nach dem Wohngebiet stoßen wir auf die Durchgangsstraße, der wir nach links folgen, erst immer geradeaus bergab, dann nach dem Ort nach rechts und über die Felder nach *Wendelsheim*.

Hier fahren wir nach rechts in der Windolfstraße (Richtung »Sportanlagen«) auf die Kirche zu, dann links an ihr vorbei (Richtung »Festplatz«). Wir bleiben nun immer auf diesem Sträßchen. Am Ortsende sehen wir noch eine ganze Ansammlung von Kleindenkmälern – eine Grubbank, einen steinernen Bildstock und zwei Kreuzsteine. Bereits vor dem Ort sind wir an einem Bildstock, einem Zeichen von Volksfrömmigkeit, vorbei gekommen, weitere werden nun folgen. Wir radeln auf dem Feldweg, bis wir wieder auf die Landstraße treffen, hier orientieren wir uns rechts.

In *Oberndorf* (siehe Seite 126) biegen wir nach rechts nach *Poltringen* ab. Hier fahren wir bis zur Durchgangsstraße, auf der wir uns nach links in Richtung »Reusten« halten. Wir kommen am Poltringer Schloss vorbei, danach an der Stephanskirche.

**Poltringen** (Höhe: 350–460 m)

Das Poltringer **Schloss** ist ein schlichter kompakter Bau mit einem kleinen, von Säulen gesäumten Innenhof, Vierecktürmen und Wassergraben. Die heutige Gestalt erhielt es durch den von dem bekannten Renaissance-Hofbaumeister Heinrich Schickhardt geplanten Umbau – es ist der einzige noch erhaltene Schlossbau Schickhardts! Eine kleine Besonderheit ist die 1191 erstmals genannte katholische **Pfarrkirche Sankt Stephan**, sie liegt etwa einen Kilometer westlich des Ortes. Chor und Turm sind spätgotisch, Langhaus und Zwiebelturm stammen aus der Barockzeit (1750 bis 1762). Mit dem Neubau des Schiffs wurden auch die Außengestalt und die Innenausstattung barockisiert. Die steinerne Totenleuchte aus dem 14. Jahrhundert ist von größter Seltenheit – sie ist das einzige Exemplar im Neckargebiet.

Bis Reusten können wir rechts einen Blick auf die imposanten Felswände der ehemaligen Steinbrüche werfen.

In den **Steinbrüchen** findet man »Natur aus zweiter Hand«. Sie sind, wie viele ehemalige Steinbrüche, die man sich selbst überlässt, mit Wasser gefüllt und Heimat seltener Pflanzen und Tiere geworden.

In *Reusten* (siehe Seite 79) fahren wir geradeaus durch den Ort hindurch, dahinter geht es, teilweise auf einem Radweg, bis *Altingen* (sie-

*Die barocke Pfarrkirche Sankt Stephan liegt außerhalb des Ortes Poltringen.*

he Seite 122). Hier stoßen wir nach der Kirche auf eine Kreuzung mit einer vorfahrtsberechtigten Straße. Wir behalten unsere Richtung bei und verlassen Altingen gleich wieder.

Es geht nun immer entlang der Ammer (siehe Seite 100), unter der Autobahn hindurch, bis nach *Gültstein* (siehe Seite 122), wo wir uns an der Landstraße vor der Gültsteiner Mühle nach rechts orientieren.

An der gleich danach folgenden Rechtskurve der Straße fahren wir geradeaus weiter, vorbei an der Kirche bis zur nächsten Durchgangsstraße, hier biegen wir nach links ab.

Wo diese Straße kurz darauf nach rechts zieht, folgen wir dem geradeaus weisenden Radwegschild nach »Herrenberg«. Der Weg steigt kurz an, dann fahren wir am Fahrverbotsschild bergab und auf dem Feldweg in kurzer Zeit zurück nach *Herrenberg*.

**Länge:**
53 Kilometer.

**Zeit:**
4 bis 5 Stunden.

**Höhenunterschied:**
320 Meter.

**Grill-/Spielplätze:**
Verschiedene Plätze im Goldersbachtal.

**Sonstiges:**
Die Tour verläuft auf befestigten Feld- und Forstwegen und Straßen.

**Verkehrsmittel:**
S-Bahn; wer vorher abbrechen möchte, fährt hinter Ammern nach Unterjesingen und von dort mit der Ammertalbahn zurück.

**Einkehrmöglichkeiten:**
In den Orten unterwegs.

# Rund um Tübingen

## *Tübingen – Bebenhausen – Saurucken – Entringen – Schwärzloch – Tübingen*

**Bei dieser Tour fahren wir von Tübingen zum denkmalgeschützten Kloster Bebenhausen und quer durch den Schönbuch im idyllischen Goldersbachtal, dann im Arenbachtal bis zum Saurucken, einem beliebten Rast-, Grill- und Spielplatz mit interessanten Wildgehegen. Danach geht es hinab nach Entringen und durch das Ammertal zurück zum Ausgangspunkt.**

- **Ausgangspunkt:**
  Tübingen, Westbahnhof.

- **Wegverlauf:**

Wir fahren auf dem Schleifmühleweg in Richtung Zentrum. Wo rechts der Schlossbergtunnel beginnt, radeln wir noch kurz geradeaus und am Ammerkanal entlang durch die Ammergasse bis zur *Krummen Brücke*.

Hier biegen wir vor dem Haus mit dem Uhrtürmchen nach links ab und rollen bis zur Ampel, wo wir nach rechts in die Straße Am Stadtgraben einbiegen. Sie bringt uns zum *Lustnauer Tor,* wo wir uns nach links in die Wilhelmstraße in Richtung »Lustnau« halten.

Gleich darauf weist das Radwegschild nach »Lustnau« nach rechts. Nun folgen wir immer den Radwegschildern, vorbei am *Automuseum »Boxenstop«,* und schließlich, wo das Sträßchen nach den Häusern nach links zieht, am Fuße des *Österbergs* und entlang der Ammer (siehe Seite 100), bis wir an einem hölzernen *Schafstall* nach links über eine Brücke verwiesen werden.

Gleich darauf stoßen wir in *Lustnau* (siehe Seite 109) auf eine Querstraße, etwas nach rechts versetzt geht es auf der Benzstraße weiter. Sie zieht nach rechts, wir unterqueren die B 27 und halten uns dahinter links. Auch nach der Ampel behalten wir unsere Richtung bei und fahren nun entlang des *Goldersbaches* (siehe Seite 41) in Richtung »Bebenhausen«.

Etwas nach der Goldersbachklause zieht der Weg nach rechts, hier halten wir uns links und überqueren den *Kirnbach* (siehe Seite 52); dahinter geht es nach links,

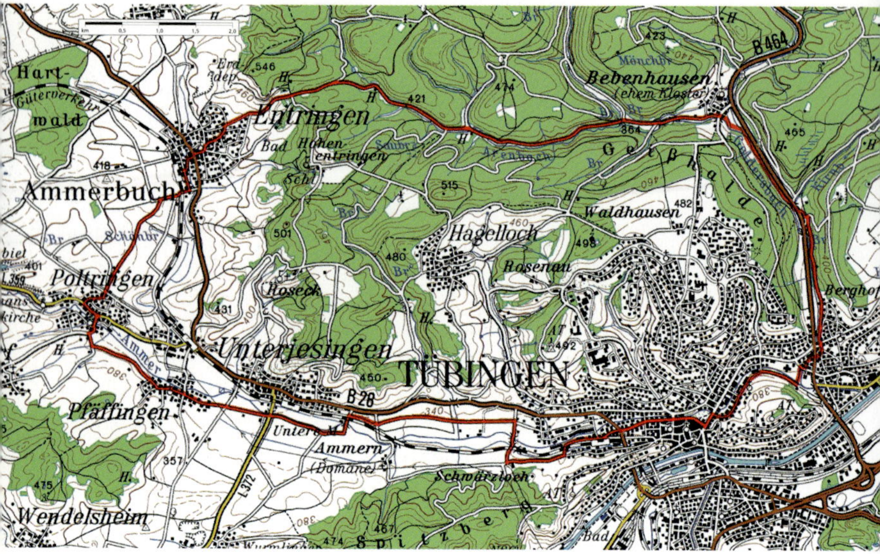


durch den Parkplatz hindurch und an der Straße nach rechts. Der Radweg auf der linken Seite bringt uns nach *Bebenhausen*.

An den Parkplätzen führt er links vorbei; schließlich trifft er vor den Häusern auf den mit dem roten Strich markierten Weg, der nach links entlang des *Goldersbaches* in den Schönbuch führt.

Wir fahren mit dem Zeichen nun immer geradeaus, vorbei am *Geschlossenen Brunnen* (siehe Seite 48), immer leicht ansteigend durch das *Arenbachtal* (siehe Seite 50) zum Rastplatz *Becklesgartenhütte* und weiter zum Spiel- und Grillplatz *Saurucken* (siehe Seite 65), wo es auch sehenswerte Rotwild-, Schwarzwild- und Mufflon-Wildgehege gibt. Am Spielplatz fahren wir nach links hinauf zu den *Entringer Sportanlagen* und zum Parkplatz.

Ab hier nun können wir es hinab nach *Entringen* (siehe Seite 67) rollen lassen. An der Verzweigung nach dem Café Im Gärtle halten wir uns links, kommen an der Kirche vorbei und stoßen nach ihr auf die *B 28.*

Etwas nach links versetzt geht es auf der Bahnhofstraße zur *Station* der Ammertalbahn. Wer schon müde ist, kann von hier aus mit der Bahn zurückfahren.

Ansonsten radeln wir kurz nach links entlang der Gleise, überqueren sie und fahren nach rechts in die Felder hinaus.

Nach den Obstbäumen (am dritten nach links abgehenden Feldweg) biegen wir ab und fahren nach

*Auf einer Lichtung mitten im Schönbuch liegt das alte Zisterzienserkloster Bebenhausen. Schon von weitem sieht man den imposanten Dachreiter.*

*Poltringen* (siehe Seite 137), wo wir auf der Entringer Straße, vorbei an einem Brunnen mit Entenplastiken, in den Ort hineinfahren. An der Durchgangsstraße halten wir uns links, kurz darauf an der Hirschstraße dann rechts in Richtung »Oberndorf«.

Wir rollen etwas hinab, nach der rechts liegenden Kirche macht die Straße eine Rechtskurve und wir biegen kurz danach an der Scheune nach links ab (»Sportplätze«). Gleich darauf orientieren wir uns mit dem Radwegschild nach »Tübingen« nach links.

Bald sind wir in *Pfäffingen* (siehe Seite 117) und fahren auf der Dorfstraße durch den Ort hindurch, dahinter geht es weiter nach *Unterjesingen* (siehe Seite 72). Wir überqueren rechts des Ortes die nach Wurmlingen führende Landstraße, nach einiger Zeit knickt der Weg nach links ab zur *Unteren Mühle*, hinter der Bahnlinie führt er wieder nach rechts weiter.

Wir fahren auf diesem Sträßchen, bis nach rechts eine asphaltierte Straße hoch zum *Schwärzlocher Hof* führt (siehe Seite 75), der auf einer kleinen Anhöhe liegt.

Das unterhalb des Hofes nach links ziehende Sträßchen bringt uns bis zu den ersten Häusern von Tübingen, hier biegen wir nach links in den Schleifmühleweg ein, gleich nach der Bahnlinie bringt er uns

*Die Becklesgartenhütte bietet sich zu einer gemütlichen Rast an.*

nach rechts zum *Tübinger Westbahnhof.*

**Länge:**
26 Kilometer.

**Zeit:**
2 Stunden.

**Höhenunterschied:**
150 Meter.

**Grill-/Spielplätze:**
Geschlossener Brunnen, Becklesgartenhütte, Saurucken.

**Sonstiges:**
Wir fahren auf befestigten Waldwegen bzw. Straßen in der Stadt. Man kann die Tour natürlich auch in Entringen oder in Bebenhausen beginnen. Wenn man nach rund 15 Kilometern ab Entringen mit der Bahn zurückfährt, kann man die Tour auch mit etwas größeren Kindern unternehmen.

**Verkehrsmittel:**
Bis Tübingen Bahn; Ammertalbahn.

**Einkehrmöglichkeiten:**
Tübingen, Entringen, Vereinsheim am Parkplatz Saurucken, Schwärzloch.

# Teil 3
# Durch Städte bummeln – entdecken, besichtigen, erleben

# Herrenberg

**Herrenberg, eines der schönsten Beispiele mittelalterlichen Städtebaus, ist eine jener Städte, die ein einprägsames und unverwechselbares Stadtbild haben. Schon von weitem sieht man zwischen den roten Hausdächern und den grünen, bewaldeten Schönbuchhängen den Turm der Herrenberger Stiftskirche. Im Zentrum der Stadt reiht sich ein Fachwerkhaus an das andere und über allem thront die mächtige Stiftskirche, die so genannte »Glucke vom Gäu«. Von ihr aus ist man nach kurzem Aufstieg auf dem aussichtsreichen Schlossberg und in wenigen Minuten im Schönbuch. 1983 wurde die Altstadt als Gesamtanlage unter Denkmalschutz gestellt.**

■ **Höhe:**
442–536 m

■ **Auskunft:**
Stadtverwaltung, Postfach 1251, 71071 Herrenberg, Tel. (0 70 32) 9 24-0. Internet: www.herrenberg.de, E-Mail: stadt@herrenberg.de

■ **Aus der Geschichte**
Die Stadt ging aus den 775 erstmals genannten Orten Reistingen und Mühlhausen hervor. Die Burg der Pfalzgrafen von Tübingen wurde 1228 als »Castrum nostrum herrenberc« erstmals erwähnt, die Stadt genau fünfzig Jahre später. 1446 und 1635 wurde sie vollständig niedergebrannt. Ab 1759 war sie württembergische Oberamtsstadt, seit 1974 ist Herrenberg Große Kreisstadt.

## ■ Besichtigung

### Stiftskirche Unsere liebe Frau (Marienkirche)

Das Wahrzeichen Herrenbergs steht auf einem kluftenreiche Berg aus Gipskeuper: Der Untergrund ist so instabil, dass Kirche und Berg jährlich einen Millimeter auf die Stadt zurutschen; in den vergangenen 700 Jahren also immerhin rund siebzig Zentimeter. Bei der letzten Renovierung wurde dies zwar nicht gestoppt, immerhin die Kirche aber in sich so gefestigt, dass sie für die nächsten 200 Jahre sicher sein soll. Seine barocke Zwiebelhaube bekam der 54 Meter hohe Kirchturm erst 1749, als die beiden achteckigen gotischen Türme wegen Einsturzgefahr abgebrochen werden mussten.

Auf der Südseite der Kirche befindet sich ein Doppelportal mit Kielbogen und reichem Skulpturenschmuck. Im Inneren der ältesten gotischen Hallenkirche Schwabens sieht man ein feines Netzgewölbe. Besondere Beachtung verdienen die Gewölbeschlusssteine (etwa 1490) mit den farbig gefassten Medaillons.

In der Kirche befindet sich die älteste Fensterrosette Schwabens, der »Sternen«. Im frühgotischen kreuzrippengewölbten Chor steht ein Chorgestühl mit 104 Schnitzfiguren, geschaffen 1517 von *Heinrich Schickhardt,* dem Großvater des gleichnamigen Baumeisters. Die Chorfenster wurden 1890 von *Christian Leins* und *Jakob Grünenwald* geschaffen. Die spätgotische gemeißelte steinerne Kanzel stammt von *Meister Hanselmann* (1503/04). Der frühere Hochaltar von 1519, gemalt von Jerg Ratgeb, steht heute in der Staatsgalerie Stuttgart. Der moderne Altartisch ist von *Franz Bucher* (1982). Sehenswert sind auch die verschiedenen Tafelbilder und bemalten Renaissance-Epitaphe. Im Turm befindet sich Süddeutschlands größtes **Glockenmuseum** mit läutbaren Glocken ab dem 12. Jahrhundert.

### Spaziergang durch die Stadt

Von der **Terrasse** vor der Kirche aus hat man herrliche Blicke auf das Gewirr der Dächer der Altstadt. Beim Bummel durch die Stadt merkt man auch, warum die Herrenberger den Spitznamen »Stäffelesrutscher« bekommen haben: Es geht treppauf

*Die Herrenberger Stiftskirche bietet viele reizvolle Details.*

und treppab. Reste der wohl um 1200 bis 1270 mit der Stadtgründung erbauten ehemaligen **Stadtmauer** ziehen sich bis auf den Schlossberg hoch (siehe Bild Seite 143). Die Mauerarme reichten vom Schloss bis zum **Hagtor,** dem einzig erhaltenen Torturm, und zur **Propstei;** sie verbanden Schloss und Stadt zu einer gemeinsamen Großfestung. Von ehemals 1126 Metern sind noch 620 Meter erhalten, 250 Meter davon in voller Höhe mit Wehrgängen, Zinnen, Schieß- und Beobachtungsscharten.

*Herrenberger »Stäffele«*

Im **Altstadtbereich** findet man zahlreiche verwinkelte Gassen und Staffeln, viele der Häuser haben heimelige Hinterhöfe. Besonders schön sind die charakteristischen Fachwerkhäuser in der Tübinger Straße, der Stuttgarter Straße und der Bronngasse.

Der 1276 erstmals erwähnte **Marktplatz,** einer der schönsten im Land, ist von stattlichen, hochgiebeligen Fachwerkhäusern umgeben, die nach dem Brand 1635 erbaut wurden. Das **Rathaus** ist ein klassizistischer Putzbau mit Krüppelwalmdach von 1806, Glocken- und Uhrentürmchen. Die **Khoenle-Handelshäuser,** Marktplatz 6, wurden 1664 und 1712 erbaut. Anstelle des 1635 abgebrannten Kellereigebäudes und Fruchtkastens wurde 1655 das **Oberamt,** Kirchgasse 2, als Amtshaus, Vogtei und Kellerei errichtet. Ab 1759 diente es als Oberamt, von 1930 bis 1938 als Landratsamt.

Der **Marktbrunnen** stammt von 1660 (1347 erstmals urkundlich erwähnt). Auf der Steinsäule befinden sich ein Löwe und das württembergische Wappen. Bei der Renovierung 1908 wurde der Löwe um 180 Grad gedreht, da angeblich einem Ratsherrn aufgefallen sei, dass das Tier in doch recht unmanierlicher Weise seine Zunge gegen das Rathaus und seine Insassen herausgestreckt habe. Sehenswert sind auch der **Radbrunnen** von 1761 und der **Spitalbrunnen.**

Die spätgotische evangelische **Spitalkirche zum Heiligen Geist,** ein rechteckiger Saalbau, wurde um 1400 zusammen mit dem benachbarten Spital durch eine Bürgerstiftung erbaut. Innen sieht man eine mit Intarsien geschmückte hölzerne Kanzel im Stil der Renaissance (1655). 1945 wurde die Kirche durch Bomben schwer beschädigt, der Wiederaufbau erfolgte 1947/48. Dabei wurde die Altarrückwand mit einem Sgraffito von *Professor Rudolf Yelin* geschmückt. Zum **Spitalkomplex** gehören auch die Gebäude Tübinger Straße 4, Spitalgasse 15 und 18 und Schulstraße 7.

Eines der markantesten Gebäude der Stadt ist der 1683/84 errichtete fünfgeschossige **Stiftsfruchtkasten,** Tübinger Straße 30, mit seinem reich ornamentierten Fachwerk. Sehenswert ist das romanische Rundbogen-Zwillingsfenster.

Eindrucksvoll ist auch die ehemalige Propstei, das heutige **Evangelische Dekanat,** Schlossberg 1. 1481/82 wurde es für die »Brüder vom gemeinsamen Leben« erbaut und von ihnen bis 1517 bewohnt, dann bis zur Reformation 1536 von weltlichen Chorherren. 1534 bis 1749 diente es den Obervögten als Sitz, danach war es Amtssitz und Wohnung der Spezialsuperintendenten und Dekane. Es besitzt ein Krüppelwalmdach, ein interessantes Spitzbogenportal, Erker in Renaissanceform und eine Renaissance-Innenausstattung.

Der **Bebenhäuser Klosterhof,** Bronngasse 13, wurde 1484 als Pfleghof errichtet und diente nach der Reformation dem geistlichen Verwalter als Sitz, anschließend war es Hofkameralamt (1819–1868). Das ehemalige **Eichamt,** Bronngasse 13a, stammt aus dem 19. Jahrhundert.

Die Gebäude Schuhgasse 2 und 4 sind **Barockhäuser** von 1717 mit reich skulptierten Fassaden. Sehenswert sind auch die Gebäude Schuhgasse 23, der **Hirsauer Klosterhof,** und Schuhgasse 24 von 1752 mit einem Barockportal, an dem das Wappen der Familie Doertenbach angebracht ist. Der **Alte Turm,** Schuhgasse 12, diente einst als Gefängnis.

Das ehemalige **Handelshaus,** Tübinger Straße 1, ist ein stattliches dreigeschossiges Fachwerkhaus mit mächtigem schmiedeeisernen Fenstergitter. Das **Beginenhaus,** Rathausgasse 13, war von 1490 bis 1566 von Nonnen bewohnt (ab 1517 Franziskanerinnen).

Die Stadt hat einen **Fachwerkpfad** mit 23 Stationen eingerichtet, der zu den schönsten Fachwerkhäusern führt. Erklärungen führen ein in die Bautechnik und die Geschichte der Häuser. Von der Stadtverwaltung kann man hierzu ein Faltblatt anfordern.

Eine herrliche Aussicht hat man vom **Schlossberg** (522 m) aus, den man nach kurzem Aufstieg von der Stiftskirche aus erreicht. Der Blick reicht über Herrenberg und das Gäu bis zum Schwarzwald und zur Schwäbischen Alb. Auf dem Rest des ehemaligen Pulverturms wurde 1957 ein Aussichtsturm errichtet, darunter befindet sich noch das rundgemauerte Verlies. Hier stand das im 13. Jahrhundert erbaute Schloss des Pfalzgrafen *Rudolf II. von Tübingen*. Es wurde bis auf einen Rest der Schildmauer 1807 abgebrochen.

### Museen und Galerien

Siehe Seite 164.

### Feste

Fastenmarkt jeweils am Faschingsdienstag. Im Juli Stadtfest auf dem Marktplatz. Zahlreiche Feste im Klosterhof. Weihnachtsmarkt.

# Tübingen

**Tübingen, gelegen am südlichen Rand des Schönbuchs, zählt zu den schönsten Städten Baden-Württembergs, beliebt nicht nur als Universitätsstadt, sondern auch besucht von vielen Touristen und Ziel zahlreicher Ausflüge. Im Stadtkern hat sich trotz aller Vielfalt ein beeindruckend geschlossenes Stadtbild mit Gebäuden vom Mittelalter bis zum 20. Jahrhundert erhalten. Die hübschen Gassen und Sträßchen zwischen Neckar und Ammerkanal sind romantisch, sie sind voller Flair und Leben. Schöne Blicke auf die Stadt hat man von der Neckarbrücke und der Platanenallee auf der Neckarinsel.**

### Höhe:

307–515 m

### Auskunft:

Bürger- und Verkehrsverein, Telefon (0 70 71) 91 36-0, Internet: www.tuebingen-info.de, E-Mail: mail@tuebingen-info.de

### Aus der Geschichte

Erstmals wurde die Tübinger Burg in einer Trierer Chronik erwähnt, wo zu lesen war, dass sie von *König Heinrich IV.* nach seinem Canossagang belagert wurde. 1342 verkauften die *Pfalzgrafen von Tübingen* Burg und Stadt an die Württemberger. Bestimmend und sicherlich das bedeutendste Ereignis in der Geschichte der Stadt war die Gründung der Universität 1477 durch *Graf Eberhard*. Er war der erste weltliche Herrscher nördlich der Alpen, der eine Universität gründete – vorher wurde dies ausschließlich als Sache der Kirche betrachtet. 1536 wurde das evangelische theologische Stift zur Ausbildung von Landpfarrern und Lehrern begründet.

Tübingen war früher neben Stuttgart die zweitgrößte und -bedeutendste Stadt in Württemberg. Nach der Vereinigung der beiden getrennten Teile Württembergs durch den Münsinger Vertrag (1482) und der Errichtung des Herzogtums 1495 erhielt sie den Ehrentitel »Zweite Haupt- und Residenzstadt«. Am 8. Juli 1514 wurde hier der »Tübinger Vertrag«, jahrhundertelang die »magna charta« Württembergs, unterzeichnet.

Das untere Stadtviertel ist das bekannte Gogenviertel, wo die wegen ihres urtümlichen und herben Humors bekannten Weingärtner lebten. Während in der Oberstadt die großen stattlichen Fachwerkhäuser der Oberschicht zu finden sind, liegen in der Unterstadt die einfacheren kleineren Häuser der Kleinbürger, der Handwerker und Weingärtner. Insgesamt gibt es in der Altstadt über 300 zumeist mittelalterliche denkmalgeschützte Wohngebäude. Interessant sind auch die Münzgasse und die Judengasse, wo die Tübinger Juden bis zu ihrer Vertreibung 1477 wohnten. An der Südseite der Kirchgasse sieht man große Bürgerhäuser. Im Zentrum der »Gogei« steht die Jakobuskirche. Es lohnt sich, einfach ziellos durch die Altstadtgassen zu schlendern und die Tübinger Atmosphäre auf sich wirken zu lassen.

## Besichtigung

Wer eine Stadt wie Tübingen besichtigen möchte, wird wohl zuerst die wichtigsten Sehenswürdigkeiten aufsuchen; dies sind zweifelsohne das Schloss Hohentübingen und die Stiftskirche. Beide haben auch den Vorteil, dass sie einen guten Überblick auf die Stadt und natürlich das Umland bieten.

### Schloss Hohentübingen

Hoch über Stadt und Neckar steht die alte Landesfestung Hohentübingen. Die erste Burg wurde wahrscheinlich um 1050 erbaut, die früheste Nennung als »castrum Twingia« war 1078. Das heutige Schloss, das 1507–1534 unter *Herzog Ulrich* als vierflügelige Renaissance-Anlage auf den alten Fundamenten neu errichtet wurde, hatte bis 1710 eine ständige Besatzung. Damals galt es als eine der wehrhaftesten Burgen Deutschlands. Seit dem 19. Jahrhundert beherbergt es Institute der Universität.

Am beeindruckensten ist wohl das reich dekorierte untere **Schlossportal,** durch das man die Anlage bei einem Besuch von der Stadt aus betritt. Die Pläne dafür stammen von *Heinrich Schickhardt (1607),* beteiligt am Bau war unter anderen der Schwäbisch Gmünder Steinmetz *Christoph Jelin*. Das im Stil eines Triumphbogens erbaute Tor ist eines der schönsten Renaissance-Portale des Landes. Weitere **Renaissance-Portale** findet man in dem weitläufigen Innenhof.

Im **Keller** des Schlosses steht das zweitgrößte **Fass** Deutschlands; 1548 aus fünfzig Eichenstämmen erbaut, hat es ein Fassungsvermögen von 850 Hektolitern. Es wurde aber schon nach zweimaligem Füllen undicht und wurmstichig. In den großen, unterirdischen Räumen befinden sich unter anderem ein neunzig Meter tiefer **Ziehbrunnen** und das **Rittergefängnis.** Im Nordflügel liegt der **Rittersaal** mit einem reizvollen dreiteiligen Erkerausbau.

Im Schloss sind die **Sammlungen** der Universität (Antikensammlung, Ägyptische Sammlung, Münzsammlung, die Sammlungen des Archäologischen und des Ethnologischen Instituts sowie die Ur- und Frühgeschichtliche Sammlung) zu sehen.

*Das Renaissanceportal des Tübinger Schlosses*

In den **Haspelturm** wurden die Gefangenen mit einer Haspel heruntergelassen. Wer den Schlosshof durch den dunklen Gang neben dem Treppenaufgang verlässt, kommt zum **Schänzle,** einem schönen Aussichtspunkt mit Blicken auf die Stadt, ins Neckartal, zum Rammert und zur Schwäbischen Alb. Von hier aus sind auch schöne Spaziergänge auf den Spitzberg in Richtung Wurmlinger Kapelle möglich.

## Stiftskirche Sankt Georg

Auf dem Sattel zwischen Österberg und Schlossberg steht die Stiftskirche Sankt Georg. Vom Turm aus hat man einen schönen Blick auf die Stadt.

Im einschiffigen, spätgotischen Chor findet man Netzrippengewölbe mit skulptierten Schlusssteinen. Der Chor wurde 1470–83 auf einem romanischem Vorgängerbau, von dem noch Reliefsteine mit Greif und Adler übrig sind, erbaut.

Schön ist das Chorgestühl (um 1490) mit Laubwerkschnitzereien, Patriarchen und Prophetenbüsten, das von einem unbekannten Künstler, vielleicht aus der Werkstatt *Syrlins*, stammt. Sehenswert sind auch die Gewölbe- und Wandmalereien. In dem Rundfenster auf der Nordseite der Kirche ist die Skulptur des auf ein Rad geflochtenen heiligen Georgs zu sehen.

Der dreijochige, spätgotische Lettner trennt den Chor vom Kirchenraum ab und ist mit zahlreichen krabbenbesetzten Wimpergen und schlanken Fialtürmchen verziert. Der farbenprächtige Passionsaltar (1520) stammt vom Nördlinger Stadtmaler *Hans Leonhard Schäufelein*, einem Schüler Albrecht Dürers.

Im Chor befindet sich seit 1550 eine Grablege des württembergischen Herrscherhauses mit 14 Grabmälern der Herzöge und ihrer Gemahlinnen. Die steinernen Sarkophage und Grabplatten sind zwischen 1482 und 1593 im Auftrag der *Herzöge Ulrich* und *Christoph von Württemberg* entstanden.

### Spaziergang durch die Altstadt

Vor der Stiftskirche liegt der lang gestreckte **Holzmarkt** mit dem **Sankt-Georgs-Brunnen.** Hier befindet sich auch die **Heckenhauer'sche Buchhandlung,** wo *Hermann Hesse* 1895 bis 1899 in die Lehre gegangen ist.

Der **Bebenhäuser Pfleghof** (1492 bis 1501), Pfleghofstraße 2, ist eine fast burgartige Dreiflügelanlage. An der Südwestecke unter einem mit Krabben besetzten, spitzhaubigen Baldachin steht eine Madonnenfigur, rechts sieht man ein spätgotisches Maßwerkfenster (ehemalige Kapelle).

Gegenüber der Stiftskirche steht das **Cotta-Haus** (Münzgasse 15), früher Sitz des berühmten Verlages. – Die **Alte Aula** (Münzgasse 30) wurde 1547 als Fachwerkhaus errichtet und 1777 umgebaut. Bis ins 19. Jahrhundert hinein war sie das Hauptgebäude der Universität. – Der **Universitäts-Karzer** (1514/15), Münzgasse 20, war bis 1841 in Benutzung. Die Wände und Gewölbe der beiden tonnengewölbten, untereinander verbundenen Gefängnisräume wurden 1736 in Seccomalerei mit biblischen Sprüchen und Bildern ausgemalt, um die Insassen zu einem besseren Lebenswandel anzuregen.

Der ältere Bau des **Evangelischen Stifts,** Klosterberg 2–4, wurde 1464 bis 1513 als Augustinerkloster errichtet, der neue Bau stammt aus der Zeit 1792 bis 1796. Das 1536 gegründete Stipendium wurde 1547 räumlich mit dem ehemaligen Augustinerkloster verbunden. Es hatte bis ins 20. Jahrhundert immensen Einfluss auf das württembergische Geistesleben, denn es ermöglichte begabten Knaben aus der Mittelschicht, einen akademischen Beruf zu ergreifen. 1790/1791 lebten und studierten hier – in einem Zimmer (!) – *Hegel, Hölderlin* und *Schelling*.

Eines der ältesten Universitätsgebäude ist die **Alte Burse** oder **Bursa,** Bursagasse 1. Sie wurde 1478–82 errichtet und 1803–05 klassizistisch umgebaut. Hier unterrichtete unter anderen *Philipp Melanchthon*.

Der **Hölderlinturm** ist ein ehemaliger Zwingturm der Stadtbefestigung (14. Jahrhundert); hier verbrachte der 1770 geborene Dichter seine letzten Lebensjahrzehnte. Am Neckarufer stehen noch Reste der ehemaligen **Stadtmauer.** – Das Gebäude Neckarhalde 24 ist **Ludwig Uhlands Geburtshaus.** Zum Schloss hoch führt die **Burgsteige.** Hier findet man auch die ältesten Häuser der Stadt.

Das **Rathaus** am Marktplatz ist sicherlich eines der schönsten Deutschlands, seine ältesten Teile stammen von der Zeit um 1435. Zuerst ein dreistöckiger Fachwerkbau mit alemannischem Fachwerk über einer von Pfosten gestützten Vorhalle, erhielt es 1508 ein weiteres Stockwerk mit Ziergiebel (1598) und Malereien auf verputztem Fachwerk. Auf der Marktseite sieht man Fassadenmalerei im Renaissancestil (1876) mit Darstellungen aus der Stadtgeschichte. Die astronomische Uhr wurde 1511 von dem Tübinger Professor *Johannes Stöffler* geschaffen. Vor dem Rathaus steht ein **Renaissance-Marktbrunnen** mit dem in Stein gehauenen Neptun auf einem Meerestier, 1617 nach einem Entwurf von *Heinrich Schickhardt* geschaffen.

An der Nordseite des Marktplatzes ist der beispielhaft sanierte **Lammhof** mit der Lammhofpassage (zwischen Marktplatz, Marktgasse, Hirsch- und Kornhausstraße) zu sehen. Westlich des Rathauses liegt die **Judengasse,** an ihrem Ende steht die **Krumme Brücke** aus dem 14. Jahrhundert. Nahebei sieht man das bereits um 1260/70 gegründete **Bürgerheim,** ein ehemaliges Spital. Durch die Ammergasse führt der 1280 angelegte **Ammerkanal,** gesäumt von kleinen, heimeligen Weingärtnerhäuschen.

Die romanische **Jakobuskirche** im Zentrum des Gogenviertels wurde um 1200 erbaut und um 1500 erhöht und erweitert. Sie lag an einem der mittelalterlichen Pilgerwege nach Santiago de Compostela. Aus ihrer Frühzeit stammen die kleinen, rätselhaften Reliefs an den Außenmauern. Die einschiffige Kirche besitzt einen netzgewölbten spätgotischen Chor. – Am Jakobsplatz steht der **Salzstadel,** das ehemalige städtische Speichergebäude (16. Jahrhundert).

1310 erstmals erwähnt wurde das **Nonnenhaus,** Nonnengasse 10. Der heutige Bau wurde auf die zweite Hälfte des 13. Jahrhunderts datiert. Ursprünglich wurde er vermutlich von Beginen bewohnt, später war er im Besitz von *Leonhart Fuchs,* dem »Vater der Botanik«, nach dem später die Fuchsie benannt wurde. Südwestlich vom Nonnenhaus steht das **Alte Schlachthaus** (Lange Gasse 18/ Metzgerstraße 3). Der Fachwerkkomplex aus dem 16. Jahrhundert dient heute dem Tübinger Künstlerbund als Sitz.

Der **katholische Konvikt,** Collegiumgasse 5, ist eine giebelgeschmückte, vierflügelige Anlage, 1588 bis 1593 von *Georg Beer,* dem Erbauer des Stuttgarter Lusthauses, auf der Grundlage eines aufgehobenen Franziskanerinnenklosters (gegründet 1272) errichtet, zum Teil aus Steinen des Stiftes Einsiedel. 1817 als »Höheres katholisches Konvikt« von *König Wilhelm I.* eingerichtet, wird es heute zumeist Wilhelmstift genannt.

Der ehemalige herzogliche Getreidespeicher, die **Fruchtschranne,** Schmiedtorgasse 4, ist ein Fachwerkhaus mit riesigem Dach (1491) und alemannischem Fachwerk. – Der **Stiefelhof** (1323) ist das älteste urkundlich erwähnte Haus in Tübingen. – Das **Kornhaus** von 1453, Kornhausstraße 10, wurde 1609 unter Wiederverwendung des gotischen Dachstuhls aufgestockt. Im Obergeschoss bot man damals un-

*Die »Neckarfront« mit dem Hölderlinturm ist Tübingens Schokoladenseite.*

ter anderem Theateraufführungen. Heute ist darin das **Stadtmuseum** untergebracht. Es bietet Wechselausstellungen und eine ständige Ausstellung zur Stadtgeschichte.

**Haus Schimpf** am Schimpfeck (Lustnauer Tor) ist ein Fachwerkbau aus dem Jugendstil, dahinter findet man Reste der Stadtmauer und eines quadratischen Turms. – Tübingen bietet noch eine Menge Sehenswertes, worüber gerne der Bürger- und Verkehrsverein (Adresse siehe Seite 148) informiert.

## Museen und Sammlungen

Siehe Seite 166.

## Feste

Stocherkahnrennen (jeweils am letzten Donnerstag im Juni), Stadtfest (im Juni/Juli), Tübinger Bücherfest (in geraden Jahren im Sommer), Viva AfroBrasil (Open-Air-Festival, Juni/Juli), Umbrisch-provenzalischer Markt (September), Stadtlauf (September), Oldtimer-Festivals, Entenrennen auf dem Neckar (mit Quietsche-Entchen, Oktober), Drachenfest (im Oktober am Nordhang des Österbergs), Weihnachtsmarkt und viele andere, außerdem natürlich zahlreiche studentische Feste.

## Aussichtspunkte

**Stiftskirchenturm** (350 m), **Schänzle** (372 m) bei Schloss Hohentübingen, **Österberg** im Osten der Stadt mit **Kaiser-Wilhelm-Turm** (438 m, Schlüssel beim Verkehrsverein), **Bismarckturm** (429 m, Schlüssel ebenfalls beim Verkehrsverein), **Steinenberg- Turm** (489 m), ständig geöffnet.

# Bebenhausen

**Eine der am besten erhaltenen Klosteranlagen Deutschlands ist das Zisterzienserkloster in Bebenhausen. Seine Gebäude bieten Stilproben von der Romanik bis zur Flamboyant-Gotik. Eduard Mörike war als Feriengast im Herbst 1863 so begeistert von der Atmosphäre, dass er elf Gedichte, die »Bilder aus Bebenhausen«, schrieb. Seit 1975 ist der gesamte Ort unter Denkmalschutz gestellt – damals einmalig in Baden-Württemberg. Heute ist der Ort ein beliebtes Ausflugsziel und Ausgangspunkt zahlreicher Wanderungen und Radtouren in den Schönbuch.**

## Höhe:

328–502 m

## Auskunft:

Bürger- und Verkehrsverein Tübingen, Telefon (0 70 71) 91 36-0, Internet: www.tuebingen-info.de, E-Mail: mail@tuebingen-info.de

## Aus der Geschichte

Der Name kommt vielleicht von einem sagenhaften Einsiedler *Bebo,* der hier lebte und dem die *Herren von Lustnau* eine Kapelle bauten. Das Kloster wurde um 1181/1183 gegründet und 1187 erstmals urkundlich genannt. Anfangs war es von Prämonstratensern bewohnt, bereits aber ab 1190 von Zisterziensern besiedelt. Durch großzügige Schenkungen seines Gründers, des *Pfalzgrafen Rudolf I. von Tübingen* (gest. 1219), der eine Art Hauskloster und Grablege für seine Familie schaffen wollte, wurde es schnell reich, außerdem entwickelte das Kloster selbst eine zielstrebige Erwerbs- und Wirtschaftspolitik.

Der Weinhandel war zum Beispiel ein Privileg der Klöster. So förderten die Bebenhäuser Mönche den Weinbau im Stuttgarter Raum und führten ihn in die Umgebung Tübingens ein. Außerdem unterhielt das Kloster bis ins 15. Jahrhundert »Handelsfilialen« in Ulm (seit dem 13. Jahrhundert der bedeutendste Weinhandelsort) und in Reutlingen. Außerdem wurde in Bebenhausen Glas produziert.

Der Grundbesitz bestand zunächst aus weit auseinander liegenden Höfen – bis Urach und Horb reichten die Besitztümer, 1229 wurde klösterlicher Besitz in 47 Dörfern gezählt. Die Mönche verstanden es, ihren Besitz geschickt zu arrondieren – sie veräußerten, vor allem ab Mitte

Sonnenuhr über dem Hof zwischen Kloster und Schloss

des 14. Jahrhunderts, weiter entfernte Besitztümer und konzentrierten sich auf ihre unmittelbare Umgebung.

Zur Güterverwaltung gründete das Kloster in der Umgebung sechs Pfleghöfe (zum Beispiel in Tübingen, Lustnau, Roseck). Städtische Höfe als Zentren wirtschaftlicher Macht gab es in Stuttgart, Ulm, Esslingen, Tübingen, Reutlingen, Weil der Stadt, Rottenburg, Bönnigheim, Brackenheim und Heimsheim. Auf dem Gelände, wo jetzt das Ulmer Münster steht, unterhielt das Kloster einen Weinhandelshof, auch Stadt und Schloss Ludwigsburg entstanden auf dem Boden eines ehemaligen Bebenhäuser Klosterhofs.

1305 erhielt das Kloster Reichsunmittelbarkeit. 1342 erwarb *Graf Ulrich von Württemberg* die Stadt Tübingen und nahm den Klosterbesitz in der Stadt und der Umgebung unter seine Schirmherrschaft. Von allen Klöstern, die 1534/35 von *Herzog Ulrich* bei der Einführung der Reformation in Württemberg aufgelöst wurden, war Bebenhausen das reichste. Im Kloster wurde ab 1556 eine der evangelischen Klosterschulen untergebracht; sie bestand bis 1807. Einer der Schüler war der Philosoph *Friedrich Wilhelm Schelling* (1775–1854).

Als das neue Königreich Württemberg 1807 seine Ämter reformierte, wurden alle 22 Klosterämter aufgehoben. *König Friedrich I.* baute 1807–11 das ehemalige Abtshaus in ein Jagdschloss um. 1819 übertrug *König Wilhelm I.* das Kloster an den Staat. 1868 wurde im engeren Klosterbezirk das ehemalige Gästehaus in ein königliches Jagdschloss umgebaut. Im früheren Herren- oder Gästehaus hat man 1868–70 private Räume für das *Königspaar Karl* und *Olga* eingerichtet. Das Jagdhaus wurde 1918 nach der Abdankung des letzten Königs, *Wilhelm II.*, dessen Wohnsitz, hier verstarb er 1921, ebenso 1946 seine Witwe, *Königin Charlotte*.

Nach dem Zweiten Weltkrieg war hier ab Juni 1947 bis ins Jahr 1952 auf Anweisung der französischen Besatzungsmacht der Landtag

*Der filigrane Dachreiter über der Klosterkirche Bebenhausen*

von Württemberg-Hohenzollern untergebracht. Dieser Landtag war damals das billigste Landesparlament in Deutschland – er kostete jeden Einwohner nur 22 Pfennige im Jahr.

## Besichtigung

### Außenanlagen

Die Außenanlagen sind von zwei Mauerringen umgeben, von denen der innere 1281–1303 unter Abt Friedrich erbaut wurde. Er ist – teilweise noch mit Wehrgang – in der Bausubstanz des 15./16. Jahrhunderts erhalten; davor liegen die Wirtschaftsgebäude, um die sich der zweite Ring legt. Die Anlage wird durch den so genannten Schreibturm (15. Jahrhundert) betreten, an dessen Außenseite eine Kreuzigungsgruppe mit Wappen und Stiftern angebracht ist. Heute ist hier das Informationszentrum des Naturparks Schönbuch untergebracht. Schon von weitem zu erkennen ist der wegen seines Daches aus grün glasierten Ziegeln so genannte Grüne Turm.

### Kirche und Kloster

Mit dem Bau der spätromanischen **Kirche Sankt Maria** wurde 1188 begonnen, geweiht wurde sie allerdings erst 1228. Da die Zisterzienser keine Türme bauen durften, schufen sie Dachreiter; der gotische in Bebenhausen, ganz in Strebewerk aufgelöst, stammt von 1409. 1335 wurde in die östliche Chorwand das große achtteilige Maßwerkfenster im Stil der Hochgotik eingebaut. Es ist neun Meter hoch und vier Meter breit. Am nördlichen Vierungspfeiler befindet sich eine reich geschmückte Renaissance-Kanzel (um 1575/80).

Im Süden der Kirche schließen verschiedene Klosterräumlichkeiten und der netzgewölbte, 1475–1500 neu erbaute **Kreuzgang** an. Hauptzierde sind die über 120 Schlusssteine mit Laub- und Figurenschmuck. Jeder der vier Gänge besitzt ein anderes Netzmuster.

Im Ostflügel des Kreuzgangs liegen das **Parlatorium** oder **Auditorium** (Sprechraum), die **Bruderhalle** (Arbeitsraum) und der **Kapitelsaal.** Dieser besitzt vier massige Pfeiler; hier wurden täglich Kapitel aus der Ordensregel verlesen. Der Kapitelsaal diente auch als Begräbnisstätte für die Familie des Stifters und für viele Äbte. Im Obergeschoss über dem Ostflügel befand sich früher das **Dormitorium** (Schlafsaal). Als jedoch die Zahl der Mönche zurückging, baute man 1513 den großen Saal so um, dass seitlich eines breiten Mittelflurs 29 einzelne Zellen entstanden.

Im Süden des Kreuzgangs liegt das **Sommerrefektorium.** Der zwanzig Meter hohe Raum zählt mit seinen drei schlanken Achteck-Mittelpfeilern und der Ausformung und Bemalung des Gewölbes mit wunderbar gemaltem Rankenwerk zu den schönsten Hallen der deutschen Hochgotik. Nach 1873 wurde durch *König Karl* im Sommerrefektorium ein Kamin und eine gotisierende Vertäfelung eingebaut, nach 1877 richtete man es als »Rittersaal« ein.

Im Westflügel der Klausur befindet sich das **Winterrefektorium,** eine in spätgotischen Formen umgearbeitete romanische Halle mit feinen Schnitzereien an den Holzsäulen, ausgestattet mit Kachelofen und geschmückt mit Holzdecke, Wappen- und Bilderschmuck, außerdem das **Refektorium** der Laienbrüder (1530), eine dreischiffige Halle.

Im Eingangsbereich steht ein **Modell der Anlage** nach dem Stand vor der Reformation.

### Schloss

Das **Schloss** entstand durch den 1868–70 von *König Karl* vorgenommenen Umbau des 1532 errichteten ehemaligen Herren- oder Gästehauses. Der **Blaue Saal** wurde im Stil der Renaissance ausgestattet. Der **Grüne Saal**, die ehemalige Abtsküche, wurde zum Speisesaal umgebaut. Heute befinden sich im Schloss neben Schauräumen die Forstdirektion sowie die Verwaltung des Naturparks Schönbuch.

## ■ Öffnungszeiten

### Kloster:

Mit und ohne Führung zugänglich. 1. April bis 31. Oktober: Di. bis Fr. 9–12 und 13–17 Uhr, Sa., So., Feiertage 9–17 Uhr; 1. November bis 31. März: Di. bis Fr. 9–12 und 13–17 Uhr, Sa., So., Feiertage 9–12 und 13–17 Uhr. – Führungen: 1. April bis 31. Dezember: Sa., So., Feiertage 10, 11, 14, 15, 16 Uhr.

### Schloss:

Nur im Rahmen von Führungen zugänglich. Di. bis Fr. 9, 10, 11, 14, 15, 16 Uhr; Sa., So., Feiertage 10, 11, 14, 15, 16 Uhr.

### Schlossküche:

1. April bis 31. Oktober: Sa., So., Feiertage 14–17 Uhr.

Auskunft zu Kloster, Schloss und Schlossküche: Schlossverwaltung, Telefon (0 70 71) 60 21 80.

### Informationszentrum Naturpark Schönbuch:

Im Schreibturm. 1. April bis 31. Oktober: Di. bis Fr. 9–17 Uhr, Sa., So. 10–17 Uhr.

# Waldenbuch

**Bereits Johann Wolfgang von Goethe beschrieb auf seiner Reise in die Schweiz am 7. September 1797 seine Eindrücke von Waldenbuch: »*Über Waldenbuch, das im Tale liegt, eine schöne Aussicht auf eine fruchtbare, doch hügelige und rauhere Gegend, mit mehrern Dörfern, Feldbau, Wiese und Wald. Waldenbuch, artig, zwischen Hügeln gelegener Ort, sehr gemischte Kultur, Wiesen, Feld, Weinberge, Wald. Ein herrschaftlich Schloß, Wohnung des Oberforstmeisters. Ähnliche Kultur bis Dettenhausen, doch rauher und ohne Weinberge.*« Bis auf die Weinberge hat sich an Goethes Aussage bis heute fast nichts geändert: In der Senke des Aichtals zieht sich das reizende Fachwerkstädtchen am Hang eines Umlaufberges hinauf. Ein Stadtlehrpfad erklärt die wichtigsten Gebäude, so dass der Ort selbst fast ein Freilichtmuseum ist.**

- **Höhe:**
  330–400 m

- **Auskunft:**
  Stadtverwaltung, 71111 Waldenbuch, Tel. (0 71 57) 12 93-0

- **Aus der Geschichte**

Die Stadt wurde im Jahre 1296 als »Waltenbuch« erwähnt und schon 1363 als Stadt bezeugt. Der Name bedeutet »größerer Buchenwald, einem Waldo gehörend« (wobei Waldo vielleicht ein merowingischer Edler war). 1307 gehörte der Ort als Lehen der Grafen von Hohenberg den Herren von Bernhausen; von ihnen nannte sich ein Zweig nach Waldenbuch. Nach 1340 traten an ihre Stelle die Herzöge von Urslingen; 1363 wurde die Stadt von den Pfalzgrafen von Tübingen an die Württemberger verkauft. Die Lehensansprüche der Hohenberger gingen mit dem Verkauf ihrer Grafschaft an Österreich über, dieses verzichtete erst 1499 auf sie. Im Dreißigjährigen Krieg litt die Stadt sehr unter Plünderungen, schließlich unter der Pest, dadurch wurde die Einwohnerschaft auf 68 Bewohner bei Kriegsende dezimiert. 1534 verlegte Herzog Ulrich den Sitz des Waldvogts von Tübingen nach Waldenbuch. Dieser wurde 1706 durch einen Oberforstmeister und Oberjägermeister ersetzt, 1806 wurde die Hofjagdverwaltung nach

Bebenhausen verlegt. Gelegen an der Schweizer Straße, war Waldenbuch die wichtigste und bis 1845 einzige Post- und Pferdeumspannstation im Schönbuch.

## Spaziergang durch die Stadt

Auf einer Bergkuppe steht das 1562/65 von *Herzog Christoph* anstelle einer älteren, abgetragenen Burg im Renaissancestil erbaute **Jagdschloss.** Da von der Residenz aus leicht erreichbar, war es ein häufiger Treffpunkt fröhlicher Jagdgesellschaften. Als das Schloss den jagdlustigen Herrschern zu klein wurde, baute man es mehrmals aus. 1607 unter *Herzog Friedrich I.* musste sogar das Kirchenschiff versetzt werden, 1687 bis 1690 war die längste und umfangreichste Umbauphase. Der letzte Umbau datiert aus den Jahren 1717 bis 1719. Später war das Schloss Sitz des Waldvogts, ab 1807 Militärhospital und Lazarett für Heimkehrer aus Napoleons Russlandfeldzug und nach dem Zweiten Weltkrieg Notaufnahmequartier. Heute beherbergt es das Museum für Volkskultur, einen Zweig des Württembergischen Landesmuseums.

Die 1275 erstmals genannte **evangelische Stadtkirche** besitzt einen verzierten Renaissance-Staffelgiebel. Ihr Schiff wurde 1605 bis 1607 an die Ostseite des Chors verlegt, um Platz für den Neubau des Schlosses zu machen. Baumeister war *Heinrich Schickhardt*. Die spitzbogigen gotischen Maßwerkfenster

Die Waldenbucher Vituskirche

wurden dabei wieder verwendet. Erhalten blieb der aus dem 15. Jahrhundert stammende Turm mit barocker Haube.

Im ehemaligen **Pfarrhaus** (um 1720; 1786 und 1834 umgebaut) beim Schloss ist jetzt die Musikschule untergebracht.

Die **Fachwerk-Pfarrscheuer,** Kirchgasse 6, hat zur Aufnahme der Früchte der Besoldungsgrundstücke und des Kleinen Zehnten gedient. Daneben steht die ehemalige **Schlossscheuer** (18. Jh.), ebenfalls ein Fachwerkgebäude. Zahlreiche

*An diesem Waldenbucher Fachwerkhaus ist deutlich der »schwäbische Mann« zu erkennen.*

**Elternhaus** des Bildhauers *Heinrich Dannecker,* Danneckergasse 1, wurde 1620 erbaut. – Am historischen **Gasthaus Krone,** Nürtinger Straße 14, ist ein hübsches Bäckerwappen zu sehen.

Ein **Stadtlehrpfad** mit 21 Stationen führt zu den sehenswerten Baulichkeiten und der Stadtmauer. Mit etwas Entdeckerfreude findet man auch das bereits 1524 in einem Lagerbuch erwähnte kleine **»Törlin«,** einst ein Fluchtweg aus der Burg über eine unterirdische Treppe.

weitere **Fachwerkhäuser** des 17./18., aber auch des 20. Jahrhunderts bilden um den **Marktplatz** ein reizvolles Ensemble. Darunter befinden sich das ehemalige **Gasthaus »Zum Rappen«** (1575), das spätere Rathaus und das **Stammhaus Wider,** 1750 als Gästehaus für Hofjagden errichtet. – Berühmte Gäste sah der 1797 erbaute ehemalige **Gasthof Post,** Grabenstraße 22: *Schiller* (1793), *Goethe* (1797), *Erzherzog Karl* (1799) und *Ludwig Uhland*. – Vor dem Rathaus steht ein **Sandstein-Marktbrunnen** von 1728. – Teilweise erhalten ist die Burg und Stadt umschließende **Ringmauer** (Straße »Unter der Mauer«), an sie wurden kleine traufständige Putzbauten angebaut. – Das **Back-, Wasch- und Schulhaus,** Unter der Mauer 12, ist ein Fachwerkbau mit offener Steinlaube von 1847. – Das

## Museum

### Museum für Volkskultur in Württemberg

Während man in Museen üblicherweise nur die »Hochkultur« der Reichen und Mächtigen zu sehen bekommt, ist dieses sehr umfangreiche Museum den »kleinen Leuten« und der Alltagskultur gewidmet.

Im Schloss, Kirchgasse 3, Telefon (0 71 57) 82 04 oder (07 11) 279-34 00. Öffnungszeiten: Di. bis Sa. 10–17 Uhr, So. 10–18 Uhr.

## Fest

Gräfin-von-Mantua-Fest (Juni).

# Informationen

## Aussichtspunkte

### Türme

- **Zweieichenturm** (400 m), Pliezhausen
- **Reisachturm** (415 m), Pliezhausen
- **Schaichbergturm** (445 m), Walddorfhäslach
- **Uhlbergturm** (469 m), Bonlanden/Plattenhardt
- **Bismarckturm** (429 m), Tübingen
- **Kaiser-Wilhelm-Turm** (Östergturm, 438 m), Tübingen
- **Steinenbergturm** (492 m), Tübingen
- **Stiftskirchenturm** (350 m), Tübingen

### Trauf und Südrand

- **Waldrandweg westlich der Sulzeiche** (ca. 450 m), Walddorfhäslach
- **Wurmlinger Kapelle** (475 m)
- **Spitzberg** (469 m)
- **Schlossberg Herrenberg** (522 m)
- **Schloss Hohentübingen** (370 m)
- **Schänzle** beim Schloss Hohentübingen (372 m)
- **Burg Hohenentringen** (510 m)
- **Alter Rain,** Jahnhütte (540 m)
- **Pfaffenberg** (530 m)
- **Grafenberg** (550 m)
- **Ruine Müneck** (543 m)
- **Schönbuchspitz** (545 m)
- **Schloss Roseck** (460 m)

### Im Inneren des Schönbuchs

- **»Steiniger Weg«** und andere Wege oberhalb des Goldersbachtales am Bromberg
- **Wasserbehälter am Bromberg** (570 m)
- **Königliche Jagdhütte** (530 m)
- **Falkenkopf** (532 m)
- **Einsiedel** (431 m)

### Sonstige Aussichtsstellen

- **Weidacher Höhe** (495 m)
- **Rohrauer Kopf** (556 m)

- **Jordan-Traufweg** nördlich von Bebenhausen (ca. 400 m)
- **Hasenhof** (460 m)
- **Gebiet zwischen Walddorfhäslach, Rübgarten und Waldrand** (410 bis 485 m)
- **Rauher Kapf** (513 m)

## Wildgehege

### Damwildgehege

- **östlich vom Waldfriedhof Herrenberg** (5 Min. entfernt)
- **am Böblinger Sträßle,** der direkten Verbindung zwischen Bebenhausen und Weil im Schönbuch, bei der Schlagbaumlinde

### Rotwildgehege

- **im Arenbachtal,** beim Wanderparkplatz Saurucken nördlich von Hohenentringen
- **am Böblinger Sträßle,** südlich der Weiler Hütte, beim Weißen Stein

### Schwarzwildgehege

- **im Arenbachtal,** beim Wanderparkplatz Saurucken
- **am Böblinger Sträßle,** westlich des Parkplatzes »Roter Graben« bei Bebenhausen

### Mufflongehege

- **im Arenbachtal,** beim Wanderparkplatz Saurucken

## Museen, Galerien, Schausammlungen

### Aich, Stadtteil von Aichtal

- **Naturkundliches Museum Pausch,** Gartenstraße 14, Tel. (0 71 27) 5 65 51

### Bebenhausen, Stadtteil von Tübingen

- **Kloster und Schloss,** Tel. (0 70 71) 60 21 80, Internet: www.schloesser-magazin.de oder www.bebenhausen.de
- **Informationszentrum Naturpark Schönbuch,** im Schreibturm, Auskunft: Förderverein Naturpark Schönbuch e. V., Tel. (0 70 71) 6 02-2 62, Internet: www.uni-tuebingen.de/Forst/natpark/schoenb/infozent.htm

### Bernhausen, Stadtteil von Filderstadt

- **Städtische Galerie,** Bernhäuser Hauptstr. 2, Telefon (07 11) 70 03-3 39, Internet: www.filderstadt.de/ausstell.htm

### Böblingen

- **Bauernkriegsmuseum,** Pfarrgasse 2, Tel. (0 70 31) 6 69-4 75 oder 6 69-4 88, Internet: www.netmuseum.de
- **Städtische Galerie,** Pfarrgasse 2. Tel. (0 70 31) 6 69-4 75 oder 6 69-4 88, Internet: www.netmuseum.de
- **»galerie contact«,** Marktgässle 4, Tel. (0 70 31) 6 69-4 75 oder 6 69-4 82
- **Galerie Schleuse 16,** Schlossberg 11, Auskunft: Telefon (0 70 31) 22 21 12 oder (0 71 57) 87 53, Internet: www.kunstvereinbb.de/BBKV-Schleuse16.htm
- **Deutsches Fleischermuseum,** Marktstraße 27, Telefon (0 70 31) 6 69-4 73 oder 6 69-4 81, Internet: www.netmuseum.de
- **Heimatmuseum des Nordböhmischen Niederlandes,** Pfarrgasse 2, Auskunft: Telefon (0 70 31) 6 69-4 73 oder 6 69-4 81, Internet: www.netmuseum.de
- **Urzeiträume** im Max-Planck-Gymnasium, Murkenbachweg 4, Tel. (0 70 31) 6 69-3 20, Internet: www.bb.shuttle.de/bb/mpg/schule/index.html

### Bonlanden, Stadtteil von Filderstadt

- **Gottlob-Häußler-Heimatmuseum,** Klingenstraße 19, Telefon (07 11) 70 03-2 35, Internet: www.filderstadt.de/heimat.htm
- **Museumsobstgarten,** Mahlestraße, beim Schulzentrum, Tel. (07 11) 70 03-6 49

### Dettenhausen

- **Schönbuchmuseum,** Ringstraße 3, Telefon (0 71 57) 1 26-32, Internet: www.dettenhausen.de
- **Kathreehäusle,** Kirchstr. 15, Telefon (0 71 57) 126-32, Internet: www.netmuseum.de

### Echterdingen, Stadtteil von Leinfelden-Echterdingen

- **Heimatmuseum,** Hauptstr. 79, Tel. (07 11) 79 67 76, Internet: www.leinfelden-echterdingen.de/pages/life/content/kultur/museen/heimat.htm

### Ehningen

- **Heimatstube,** in der Fronäckerschule, Gartenstr. 11, Tel. (0 70 34) 6 34 45, Herr Rathke

### Gärtringen

- **Altvater-Heimatstube,** Seitenbachweg 2, Telefon (0 70 34) 2 18 73, Herr Thiel, Internet: www.gaertringen.de

### Grötzingen, Stadtteil von Aichtal

- **Heimatmuseum,** Hindenburgstraße 18, Tel. (0 71 27) 5 65 56 oder (0 71 27) 5 16 62, Internet: www.netmuseum.de

- **Schulmuseum,** Schulstr. 23, Tel. (0 71 27) 5 65 56, Internet: www.netmuseum.de

### Haslach, Stadtteil von Herrenberg

- **Arboretum,** im Herrenberger Spitalwald, vom Waldparkplatz »Schulmeisterbuche« (B 28) Richtung Nagold ausgeschildert. Auskunft: Tel. (0 70 32) 9 24-0, Internet: www.herrenberg.de

### Herrenberg

- **Heimatstube Altker,** Tübinger Straße 40, Tel. (0 70 32) 2 11 53, Herr Wächter, Internet: www.netmuseum.de

- **Glockenmuseum,** im Turm der Stiftskirche, Auskunft: Tel. (0 70 32) 9 24-2 24, Internet: www.herrenberg.de

- **Museum im Fruchtkasten,** Tübinger Straße 30, Tel. (0 70 32) 9 24-2 24, Internet: www.netmuseum.de

- **Galerie der Stadt Herrenberg,** Marktplatz 1, Tel. (0 70 32) 27 03-11, Internet: www.herrenberg.de

- **Galerie im Kulturzentrum,** Tübinger Straße 38, Tel. (0 70 32) 27 03-11, Internet: www.herrenberg.de

### Holzgerlingen

- **Heimatmuseum,** Friedhofstraße 6, Tel. (0 70 31) 60 21 07 oder 68 08-0, Internet: www.holzgerlingen.de/kultur_heimatmuseum.php3

### Kayh, Stadtteil von Herrenberg

- **Heimatmuseum Seegersches Häusle**, Hauptstraße, Telefon (0 70 32) 7 17 10, Herr Hünemörder, Internet: www.herrenberg.de/deutsch/de000425.html#Kayh

### Kirchentellinsfurt

- **Schlossmuseum,** Schlosshof 9, Tel. (0 71 21) 67 00-42 und

90 05-0, Internet: www.kirchentellinsfurt.de

### Leinfelden, Stadtteil von Leinfelden-Echterdingen

- **Deutsches Spielkartenmuseum,** Schönbuchstr. 32, Tel. (07 11) 16 00-3 35 oder 75 60-1 20, Internet: www.landesmuseum-stuttgart.de
- **Heimatgeschichtliche Sammlung** im Leinfelder Haus, Lengenfeldstraße 24, Tel. (07 11) 7 98 62 94, Internet: www.leinfelden-echterdingen.de/pages/life/content/kultur/museen/leinfelder.htm
- **Städtische Galerie Filderhalle,** Bahnhofstraße 61, Tel. (07 11) 16 00-244, Internet: www.leinfelden-echterdingen.De/pages/life/content/kultur/galerien/intro_d.htm#staedtische

### Lustnau, Stadtteil von Tübingen

- **Heimatmuseum,** Dorfstr. 7, Bürger- und Verkehrsverein Tübingen, Tel. (0 70 71) 91 36-13, Internet: www.netmuseum.de

### Musberg, Stadtteil von Leinfelden-Echterdingen

- **Geologische Sammlung,** Eselsmühle im Siebenmühlental, Tel. (07 11) 7 54 25 35, Internet: www.leinfelden-echterdingen.de/pages/life/content/kultur/museen/eselsmuehle.htm
- **Mühlenmuseum,** Mäulesmühle im Siebenmühlental, Tel. (07 11) 7 54 65 00, Internet: www.leinfelden-echterdingen.de/pages/life/content/kultur/museen/maeulesmuehle.htm
- **Galerie Altes Rathaus Musberg,** Filderstraße 44, Tel. (07 11) 16 00-833, Internet: www.leinfelden-echterdingen.de/pages/life/content/kultur/galerien/intro_d.htm#staedtische
- **Galerie Weiße Scheune,** Seebruckenmühle im Siebenmühlental, Tel. (07 11) 7 97 00 24, Internet: www.leinfelden-echterdingen.de/pages/life/content/kultur/galerien/intro_d.htm#staedtische
- **Feuerwehrmuseum,** Ludwigstr. 9, Tel. (07 11) 7 54 11 45 (Dietmar Krieg), Internet: www.leinfelden-echterdingen.de/pages/life/content/kultur/museen/feuerwehr.htm

### Neuenhaus, Stadtteil von Aichtal

- **Häfnermuseum,** Mozartstraße 11, Tel. (0 71 27) 5 19 48

oder 5 00 65, Internet: www.netmuseum.de

### Pliezhausen

- **Dorfmuseum »Ahnenhaus«,** Entenhof 17, Tel. (0 71 27) 9 77-0, Internet: www.netmuseum.de

### Rohrau, Ortsteil von Gärtringen

- **Sandmühlenmuseum,** Hildrizhauser Straße, Telefon (0 70 34) 2 10 94, Internet: www.gaertringen.de

### Schönaich

- **Heimatmuseum,** Große Gasse 26, Tel. (0 70 31) 75 09-67 oder 65 27 11, Herr Wintzler, Internet: www.schoenaich.de und www.netmuseum.de
- **Miletitscher Heimatstuben,** Große Gasse 26, Telefon (0 70 31) 65 19 82, Internet: www.netmuseum.de



### Tübingen

- **Museum Schloss Hohentübingen,** Schloss, Burgsteige 11, Tel. (0 70 71) 29-7 73 84, Internet: www.cityinfonetz.de/museen/tuebinge/schloss/00.html und www.netmuseum.de
- **Stadtmuseum Kornhaus,** Kornhausstr. 10, Tel. (0 70 71) 20 41-711 oder 94 54 60, Internet: www.tuebingen.de/aemter/414/
- **Hölderlinturm,** Bursagasse 6, Tel. (0 70 71) 2 20 40, Internet: www.netmuseum.de
- **Kunsthalle,** Philosophenweg 76, Tel. (0 70 71) 96 91-0, Internet: www.kunsthalle-tuebingen.de
- **Graphische Sammlung** am Kunsthistorischen Institut der Uni Tübingen, in der Universitätsbibliothek, Wilhelmstr. 32, Tel. (0 70 71) 29-7 70 58, Internet: www.netmuseum.de
- **Kunstausstellungsräume im Alten Schlachthaus,** Metzgergasse 3, Auskunft: Verkehrsverein, Tel. (0 70 71) 91 36-13
- **Auto- und Spielzeugmuseum »Boxenstop«,** Brunnenstr. 18, Telefon (0 70 71) 92 90 20 oder 55 11 22, Internet: www.cityinfonetz.de/museen/boxenstop/index.phtml

- **Neuer Botanischer Garten,** Auf der Morgenstelle 1, Tel. (0 70 71) 29-7 26 08, Internet: www.uni-tuebingen.de/uni/bbm/Garten/Home.html

- **Zoologische Schausammlung,** Sigwartstraße 3, Tel. (0 70 71) 29-7 26 68, Internet: www.uni-tuebingen.de/uni/bzl/schausam/schausam.html

- **Museum für Geologie und Paläontologie,** Sigwartstr. 10, Tel. (0 70 71) 29-7 69 89 oder 29-7 24 89, Internet: www.uni-tuebingen.de/uni/e16/gpi/sammlung/index.html

- **Zahnmedizinische Sammlung,** Osianderstraße 2–8, Tel. (0 70 71) 29-8 51 80, Internet: www.medizin.uni-tuebingen.de/zzmk/zb/index.html

- **Kulturwissenschaftliche Schau- und Lehrsammlung** des Ludwig-Uhland-Instituts, Schloss Hohentübingen, Haspelturm, Tel. (0 70 71) 29-7 23 74, Internet: www.netmuseum.de

- **Mineralogisch-petrographische Schau- und Lehrsammlung,** Wilhelmstraße 56, Tel. (0 70 71) 29-7 26 00, Internet: www.uni-tuebingen.de/uni/emi/alt/sammlung.html

### Unterjesingen, Stadtteil von Tübingen

- **Isinger Dorfmuseum,** Kirchhalde 10, Tel. (0 70 73) 75 50, Internet: www.netmuseum.de

### Waldenbuch

- **Museum für Volkskultur in Württemberg,** im Schloss, Kirchgasse 3, Telefon (0 71 57) 82 04 oder (07 11) 279-34 00, Internet: www.landesmuseum-stuttgart.de

## *Bademöglichkeiten*

- **Freibäder**

Böblingen, Bonlanden, Dettenhausen, Entringen, Gärtringen, Herrenberg, Hildrizhausen, Holzgerlingen, Kirchentellinsfurt (Baggersee!), Schönaich (Waldfreibad!), Tübingen.

- **Hallenbäder**

Bernhausen, Böblingen, Bonlanden, Echterdingen, Ehningen, Herrenberg, Leinfelden, Neuenhaus, Tübingen, Waldenbuch, Weil im Schönbuch.